不会说话怎么带队伍

王雪涛◎著

中国纺织出版社有限公司 | 国家一级出版社
全国百佳图书出版单位

内 容 提 要

对于每一名管理者来说，都需要不断提高自己的讲话水平，让自己身处各种场合之中、面对不同对象之时，都可以树立出众的形象和应有的威信。

本书以管理工作为切入点，阐述了体现管理者口才的各个方面、各种场合，通过经典的领导口才案例，分析了实用性强的口才技巧，层层深入，让管理者一步步成为口才高手。

图书在版编目（CIP）数据

不会说话怎么带队伍／王雪涛著．—北京：中国纺织出版社，2019.8（2024.4重印）
ISBN 978-7-5180-6164-8

Ⅰ.①不… Ⅱ.①王… Ⅲ.①团队管理—语言艺术 Ⅳ.①C936②H019

中国版本图书馆CIP数据核字（2019）第077484号

责任编辑：闫　星　　特约编辑：王佳新　　责任印制：储志伟

中国纺织出版社有限公司出版发行
地址：北京市朝阳区百子湾东里A407号楼　邮政编码：100124
销售电话：010-67004422　传真：010-87155801
http：//www.c-textilep.com
E-mail：faxing@c-textilep.com
中国纺织出版社天猫旗舰店
官方微博http：//weibo.com/2119887771
北京兰星球彩色印刷有限公司印刷　各地新华书店经销
2019年8月第1版　2024年4月第3次印刷
开本：880×1230　1/32　印张：6
字数：148千字　定价：59.80元

前言

杰克·韦尔奇说：“要想成为一名优秀的管理者，就要始终把口才放在第一位。”在日常工作中，管理者是一个团队的核心人物，其特殊的身份和职务决定了他必须要具备很高的综合素质，其中就包括口才，不会说话怎么带好队伍呢？管理者口才的好坏，直接决定着管理工作的绩效。

管理者，是一个相对概念，对上是下属，对下是领导。很多时候，管理者为了履行自己的职责，在其位谋其政，成为一名上级信任、下属拥护的称职领导，就必须善于从口才方面表现自己。

美国前总统尼克松曾说：“凡是我所认识的重要领袖人物，几乎全都掌握一种正在失传的艺术，就是特别擅长与人进行面对面的交谈。”领导者身上的这个共同点并不是偶然，领导即说服，领导力即说服力。不会说话的人是当不好管理者，带不好队伍的，这是情理之中的。在日常生活中，一个管理者与下属话不投机，话说得不到位，方法不恰当，只会激化矛盾，把事情搞糟。如果管理者在工作中不善于了解下属心理，不善于运用语言表达技巧，不讲究表达的方式方法，不看谈话对象，不分场合，即便滔滔不绝也不知道在表达什么，那么只会让下属把领导的话当耳边风。若管理者的话对下属已经起不了作用，他作为领导者的威信也就荡然无存了，自然也就无法管理好团队了。

管理者口才很重要，但遗憾的是，一些管理者并没有意识到口才的重要性，他们在讲话中要么用词生僻，晦涩难懂；要么说话太直接，索然无味。许多管理者都有这样的经历：开会时自己在台上滔滔不绝，台下的人却窃窃私语，有的在玩手机，真正听自己讲话的人根本没几个。之所以有这样的现象，就是管理者讲话的方式不吸引人，有的讲话太啰唆，有的讲话没有重点，有的废话连篇……最终导致说的话没人听，想要传达的旨意完全没到位，自然工作效率就无法提升。

优秀的管理者通常具有好口才，利用温暖得体的语言春风化雨，感召下属，在“润物细无声”里达到管理下属的目的。卓越的口才会形成高妙的管理艺术，通过口才的运用，能够融洽管理者与下属之间的关系，为工作营造良好的环境。而和谐的关系、良好的工作环境又反过来激发员工的工作热情，不得不说，有好口才才能带领好队伍。

编著者

2018年3月

目录

第 01 章

率领风范，出色口才带好队伍

领导拥有出色口才，才有率领风范，才能带好队伍。领导下属即是说服，一位领导人假如不能在说话时吸引人、打动人，那么他根本说服不了人，所以他也一定不能成为一位优秀的领导者。

带好队伍离不开好口才

一个领导的口才能力，不仅会对领导活动的顺利开展和领导目标的顺利实现产生巨大的影响，还对领导者个人树立称职的领导形象起着至关重要的作用。领导的口才能力直接体现了领导者的管理水平，这是因为，在日常工作中，领导对于下属的一切管理工作都需要用对话来完成。任何一个领导者都是一个群体或团队的领导，他所领导的这个群体或团队可以是几人或几十人，可以是上百人，也可以是几千人。领导者每天都要管理这个群体或团队，发号施令、下指标、作总结，以此实现领导的目标。而这一切管理工作的开展和落实，始终离不开领导的口才能力。可以毫不夸张地说，一个领导若是口才卓越，那么，相应地，他的管理能力也会非常出色。一个领导要想增强自己的管理能力，增强自己的领导能力，就必须努力增强自己的口才能力，因为，领导的管理离不开好口才。

一个领导的口才能力直接体现了其作为领导的管理能力，但凡一个卓越的领导，他都拥有很强的口才能力。试想，一个

管理几百甚至上千位员工的领导，如果连话都不会说，那么，他又有什么能力管理好自己的公司或团队呢？简单地说，领导管理离不开好口才，一个拥有好口才的领导一定是一个卓越的管理者。在日常工作中，不管是哪一个行业或哪一个层级的领导，都是一个群体或团体活动的筹划者、指挥者和管理者，无论是下决策、安排工作、部署任务，还是教育下属、管理下属，领导的这些工作都需要通过口才来实现。当然，一名称职的领导，应该具备较好的口才能力。领导者管理下属的过程其实也就是展现其口才的过程，口才作为领导者必备的一项基本功，千万不可忽视。

刘勰在《文心雕龙》中感叹：“一言之辩重于九鼎之宝，三寸之舌强于百万雄兵。”古往今来，有“片语可以兴邦，一言可以辱国”的说法。而一个领导者，在管理自己的群体或团队的过程中，若是展露出较强的口才能力，那他往往会左右逢源，一顺百顺。领导者拥有卓越的口才能力，能令其在群体或团队里如鱼得水，如虎添翼，甚至，有人说谁掌握了口才能力谁就能成为优秀的管理者。其实，领导者本身的身份就相当于一个管理者，对此，领导者的管理需要一定的口才能力。在日常工作中，领导担负着教育下属、指导下属的管理工作，而实现这些职能的一个重要手段，那就是沟通。从某种程度上来说，口才能力是直接影响一个领导者管理能力的因素。

在日常工作中，下属或员工当面接触领导的机会并不多，而他们之所以服从于领导的管理，很大程度是源于领导的口才能力。作为领导，如果你口才能力太差，你有可能在下属面前丢面子、掉链子，下属自然不能心服于你，这样，你还能管理好下属吗？你的群体或团队还会相信你的管理能力吗？答案当然是否定的。

1.管理与口才

在西方管理学界流行着这样一句话：“管理即是管人。”甚至，管理学家劳伦斯·阿普利说：“管理就是通过他人把事情办妥。”换句话说，其实管理很大程度上就是一种处理人际关系的艺术。而在处理人际关系的过程中起着非常重要作用的则是口才与沟通，因此，管理在一定程度上就是口才能力。

2.口才能力是领导管理能力的直接体现

一个领导的口才能力，会直接关系到下属或员工对其的信赖程度，会关系到一个领导者管理能力的强弱。试想，一个只会念稿，讲话如念经文，或云天雾地，甚至不着边际神侃的领导，是不会有太多人愿意服从于他的。高超的口才能力是领导形象的直接展示，也是领导管理能力的直接体现。

好口才可以树立领导者形象

领导说话不能随心所欲，不管处于什么场合，领导所说的

话都要“言之有物、言之成理”，这样，才能树立作为领导者的威信。说话没威信，领导等于白讲，领导讲话历来都是政治家和各级领导宣传政见、安排部署工作的有效形式，这就是领导讲话不同于常人说话的关键点所在。因此，领导者须拥有卓越的口才树立威信，并起到“政令”的作用。

好口才能帮助领导树立一定的威信，这样，下属或员工才能紧跟着你的旗帜。在管理阶层，领导者就如同是驰骋沙场的将军，是激励下属的核心人物，同时，也是决定战争胜败的关键因素，而任何一个组织、一项事业，都离不开领导的统率。毫无疑问，领导者的口才能力对维护领导者形象，树立领导者威信有着重要作用。

领导威信是指领导者在被领导者心目中的威望和信誉，它是使被领导者信任和服从领导者的一种精神感召力。一个领导者，他的威信如何，对其事业的成败将至关重要。卓越的领导者之所以会领导，关键是因为其在管理过程中所表现出来的威信。一名领导者，只有具备了强大的威信力，才能吸引下属心甘情愿地为之努力工作。

而领导的威信来自哪里呢？或许，有人认为威信就是“领导者”这个身份，其实，这样的理解是有偏差的，虽然，领导者本身具备一定的权威性，但是，如果你不树立自己应有的威信，你在下属面前就相当于一只“纸老虎”——看上去很可怕，实际上却是一捅即破。领导作为企业高层的领军人物，若是缺少了威信，那将是一件很可怕的事情。

领导者的好口才就是以语言树立自己的威信，简单地说，就是你的话要让下属相信并且信服，这样，他们才会自然而然地拥护你、支持你，这就是威信。树立“威信”的语言应表现得平易近人，这样才有助于拉近你与下属之间的关系，培养一种归属感；还应表现出作为领导者应有的志向，让下属觉得跟着你奋斗是有前途的，这样，他们才有信心支持你；最后，还应表现出作为领导者应有的权威，领导应有属于自己的威慑力，这样，下属才会服从于你，而在语言表达上则是典雅而庄重的。当然，领导者需要记住，所谓的“权威、霸气”并不是高高在上、盛气凌人，否则的话很容易失去人心。

那么，领导者该如何以口才树立威信呢?

1.以理服人

领导者应在下属面前做好榜样，凡事以理服人，千万不要认为自己是领导，就高人一等，凡事由着自己的性子来。对于下属的意见应多听，如果你觉得对方的想法有所偏颇，你应该找出足够的理由来说服对方，而不是一味以权势压人。毕竟，领导者的威信是自然流露，而不是表面做出来的。

2.以情动人

领导者说话要以情动人，这是因为领导者的威信作为一种影响下属的感召力、吸引力，是通过与下属进行感情传递产生的。一个成功的领导者威信80%来自情感方面，20%来自智慧

方面。说话以情动人，能帮助领导者与下属建立亲密的关系，使下属对其产生亲切感。这样，下属会更容易地接受领导者的影响，上下级之间的关系也会越来越近。

3.以智赢人

领导者说话要有理性，有见识，任何事情都需要讲策略，尽可能地说得体的话，做正确的事情。另外，领导者在与下属相处的过程中，说话更要以智赢人，如此才能协调好上下级的人际关系，赢得下属的支持与敬佩，达到纠正下属行为、彰显自己威信的目的。

好口才能够激发员工的热情

作为领导者，如果你的语言平淡无奇，如同一潭死水，那就没人愿意听，即使你说着多么鼓舞人心的话，下面的员工也感染不到，自然，他们也接收不到你的激励。作为领导者，如果你的讲话感染不了下面的员工，激励不了他们，那么，员工就会反过来“感染”你。所以，领导者要利用具有感召力的语言去说话，诸如奔放的语言、火热的评议、慷慨激昂的激励，这样，才能激起员工的热情，达到激励员工的目的。

著名的管理学家鲍勃·纳尔逊说：“在恰当的时间从恰当的人口中道出一声真诚的谢意，对员工而言比加薪、正式的奖

励或众多的资格证书及勋章都更有意义，这样的奖赏之所以有力，是因为领导在第一时间注意到相关员工取得了成就，并及时地亲自表示嘉奖。”作为领导者，你应以较高的管理口才激励员工，促进工作有序地进行。当然，卓越的管理口才应是感召力强的语言，如此，才能凝聚人心、鼓舞士气。

在现实工作中，我们经常会听到下属这样的评价：“谁谁号召力强”“谁谁有魄力”“谁谁的话很激励人”。当然，领导者身上这些所谓的“号召力”“魄力”都是通过口才体现出来的。具备好口才的领导者，总是能够通过一番话就把员工的心凝聚起来，将下属的力气组织起来，而那些口才不怎么样的领导者，即使他站在那里说了大半天，下属也根本听不进去，说到底，下属根本不吃你那一套。

这时，领导者又该如何达到激励的目的呢？领导说话的目的是影响员工、教育员工，甚至，通过说话来改变下属的思想和思维。当然，要想达到这个目的，仅仅靠领导干预的力量是远远不够的，关键在于领导说的话是否激励了员工。通过语言，调动员工的热情，激励员工努力工作，如果你说的话达不到这个目的，那么，你的话就白说了。

作为领导者，你应该清楚员工并不是刀枪不入的超人，他们也有失意的时候，在这时，他们所需要的不是谩骂，而是激励。领导者应善于利用管理口才，以寥寥数语激励员工继续前进，努力工作，而与此同时，你也达到了自己的目的。

那么，在日常工作中，领导者该如何以管理口才激励员工呢?

1.赞美员工

卡耐基说："赞扬具有神奇的魔力，它不仅会带来欢乐，更会带来无穷的力量。"显而易见，赞美的力量是无穷的，而以赞美达到激励员工的目的则是领导者常用的方法，它可以不限时间、地点、环境，不要吝啬你的赞美之语，它会帮你有效地激励员工。一名成功的企业家这样讲述了自己的管理心得："如果我看到一位员工杰出的工作，我会很兴奋，我会冲进大厅，让所有的其他员工都看到这个人的成果并且告诉他这件工作的杰出所在。"那么，还等什么呢，赶快用你的热情，真诚地赞美自己的员工吧。

2.尽量使用积极性的激励语言

有时候，员工就像是课堂里的学生，对他们要多使用积极性的激励语言，诸如"你很不错""这件事情办得不错""你想得很周到"等类似的积极性语言，才能激发出员工的热情，也能激励他们继续努力。对于每个人来说，最需要的是自己的付出能够被人肯定，哪怕员工做的事情并不完美，你也要先肯定对方的努力，如果你忽视了员工的努力，而只抓住一点小错误不放，那么，员工非但没被激励，反而会变得很沮丧，相应地，也会消减其工作的积极性和热情度。

管理者的语言艺术

在日常工作中，许多领导说话不注重语言魅力，只注重形式主义。他们在说话的时候，枯燥无味，让下面的员工听起来很难受，许多人深受其苦，甚至，有的人为了躲避听领导说话，不惜请假、会上打瞌睡、玩手机游戏、频频借故出入会场。

很多时候，我们都会看到这样的情节：主席台上领导者口若悬河讲了半天，结束的时候，台下掌声响起，领导以为是自己的好口才所致，不料却听到下面有人长出一口气："总算讲完了。"原来，大家都是为了讲话结束而鼓掌，为自己摆脱这样枯燥乏味的会议而欢呼。一个口才好的领导者，即使他讲了整整一上午，在下面的员工看来也只有三分钟那么短，因为精彩有趣的讲话往往会让员工越听越有兴趣，他们的兴趣是在讲话内容上而不是关注时间上。而一个讲话空洞、无味的领导，则会让下面的员工们连三分钟都忍受不了。这就是语言能力对于领导魅力的影响。

一个领导说话是否有水平、有效果，除了他所具备的说话能力之外，还有一个重要因素就来自于他的语言魅力，而好口才则能彰显领导者本身的魅力。成功的领导者大多会注重自己语言魅力的锤炼，如果你的语言充满了风趣、幽默，就能够调动员工的积极性，有效地促进管理工作的进行、起到对员工的

鼓舞作用。讲话所表达的意思需要及时地传达下去，才会对你工作的顺利开展有所帮助。

如果你讲话乏味，就没有人爱听，空话套话多，号召力就差，这样的讲话不如不讲。“白圭之玷，尚可磨也；斯言之玷，不可为也。”空话讲多了，员工就会对你的讲话失去兴趣，而你想传达的意思就无法成功地传达出去，进而就会影响你对整个团队的管理工作。所以，领导者应具备卓越的口才，因为好口才能彰显领导的魅力。

语言大师林语堂有“语言的艺术”一说，意思就是，语言不是一般的工具，使用起来不同于其他工具。俗话说：“锦心绣口。”领导说话并非单纯的口舌之技，而是一种高度复杂的脑力劳动过程。心中没有路子，脚下难迈步子，如果领导者的思想乏味，那么语言也同样乏味。领导语言所表达的思想无法传达到员工的心里，自然会阻碍领导管理工作的进行。对此，领导应该以自己的好口才彰显自己的个人形象魅力，以此让员工服从于你。

试想，如果员工开始反感领导讲话，那么，领导讲话所涉及的管理工作又该如何进行呢？领导的好口才可以彰显其个人魅力，而这恰恰是员工服从于管理的重要基础。

1.注重语言魅力

作为一个领导，你不应该只重视讲话的形式，而更应该注重自己的语言魅力。讲话本身就是一门艺术，让自己的语言有特色，你可以适当地幽默、调侃，这样会使你的讲话变得十分有趣，令人感兴趣，并且让员工能够牢牢记住你的讲话，感到你的魅力，受到你的鼓舞，最终按你的指示行动。

2.一定程度的认知能力和思维能力

口才训练大师卡耐基强调：“一个人的成功，只有15%归功于他的专业知识，还有85%归功于他表达思想、领导他人及唤起他人热情的能力，即其驾驭语言的口语表达能力。”领导者的好口才还包括较高的认知水平和较强的思维能力，在工作中，只有那些具备较高的思想水平和政策水平的领导者，才能在自己讲话时高屋建瓴，并且从全局和事物发展的大势上把握问题、思考问题和解决问题，自然，他们也能够以自己的领导魅力征服员工，促进自己管理工作的正常进行。

第 02 章

舌绽莲花，修炼语言表达技巧

领导若想舌绽莲花，就要有意识地修炼语言表达技巧。语言表达艺术是基于文学性，强调逻辑性、创意性、心理性的综合表现艺术，主要强调对不同受众或不同目的而采取不同语言组织战略，从而取得最佳表达效果。

注意身份，说自己该说的话

领导说话要找准自己的位置，说自己该说的话。无论在什么场合，什么环境，领导说话的目的都是使员工信服，从而得到员工的支持。因此，以领导的身份说话并不能随心所欲，自己想说什么就说什么，而要时刻注意自己的身份，说领导该说的话，这样，员工才会信服于你，服从于你的管理工作。那么，领导该说什么样的话呢？身为人民的公仆、企业的领军人物，领导当然应该说老百姓、员工听得懂、信得过、能放心的话，而不是说一些文绉绉、空洞的套话。可在现实工作中，不知道从什么时候起，领导们开始热衷于四平八稳、滴水不漏的空话套话，在媒体面前、在会议室、在工作中，员工们所听到的永远是千文一面的发言、表情呆滞的公文，很难听到生动、形象，能给人留下深刻印象的话。当然，所造成的影响是下级不服从，工作效率一落千丈，所以，作为领导，你要时刻注意自己的位置，说领导该说的话。

领导说话并不是形式主义，许多领导为了不得罪同僚，

就说空话；为了取悦上级，就说套话；为了欺上瞒下，就说假话。总而言之，他们是满口的官话，官话高高在上，脱离了下属与员工，丢掉了领导应有的威信，丧失了现实基础。这样的话，下属和员工不爱听，更不相信，久而久之，上下级之间缺乏信任，失去了交流，同时，也动摇了领导的根基。所以，领导说话要“言之有理、言之有物”，这样，才能与下属之间建立牢固的信任关系。当然，仅仅是学会说话还不够，重要的是领导要敢于说真话。领导说话，若是缺少了真实这个前提，那么，再生动的话仍摆脱不了空话套话的痕迹。

有的领导在说话的时候，就是不会说实话，只会教条式地把一些话搬出来，显得空洞无味。其实，领导可以在说话的时候，用生活中很浅显的道理来表达自己的想法，实实在在，就会让人清楚地明白你所想要表达的意思。领导没有必要把一些华丽而无实际意义的语言用到自己的说话中，毕竟说话并不是写优美的文章，你的说话内容重要的是要让听众明白你的意思，所以尽量多说实在话，少说一些冠冕堂皇的话。

那么，领导说自己该说的话，需要注意一些什么问题呢？

1.话里要有“内容”

领导说话的时候，要善于在自己的讲话内容中渗透知识性、科学性、实质性的内容，说话既深刻又要有力度，这样才能够给下属提供尽可能多的、有价值的信息，让下属感到“听有所获”，而不是觉得“白听了”。一个领导的讲话水平直接体现了其认知水平和知识含量，你讲话有没有深度，有没有内涵，很大程度上会影响你领导力的发挥。

2.与时俱进

领导者说话要洋溢着时代气息，有时代感，不断吸取发展着的、创造性的思想营养和语言营养成分，语言要充满生机和活力，而不能尽是老掉牙的话语。一个领导，就应该有卓越的见识，他们一般眼光都看得长远，能够走在时代的最前面，高瞻远瞩地把握全局。

3.目的明确

领导在说话的时候，就应该明确自己的目的。坚持话由旨遣的原则，明确你说话的目的，是说话取得成功的首要条件。只有明确了目的，才知道应准备什么话题和资料，采取哪种语言风格，运用哪些技巧，从而能够有的放矢，临场应变。如果目的不明，不顾场合地信口开河、东拉西扯，下属就会不知所云，无所适从。

4.说“明白话”

领导说话首先就是靠人的听觉接收的，要想让下属能听得清楚、听得明白，领导者就应尽量少用那些晦涩难懂的书面语，多使用一些通俗易懂的明白话。语言要做到通顺流畅、语气很自然、节奏明快，领导说出来朗朗上口，下属听起来也就赏心悦目。

声音调控，让语言彰显应有的力度

领导在讲话的时候，需要迸发出一种力量，并且要极具感染力，这样，才能更好地展现出语言的魅力以及领导自身的形象。如果领导的讲话软绵绵，没半点力度，毫无生气，死气沉沉，那么，下属就会对你的讲话失去兴趣，同时，也会对你的领导水平感到质疑。如何使自己所讲的话更有力度？除了让语言变得更简洁，还有就是有意识地调控自己的声音，比如，当领导宣布“中国人民站起来了”这句话的时候，如果声音很低，人们根本无法听清楚，那就消减了这句话本身的力度。领导讲话，应潇洒一些，音量尽量大一些，使整个讲话有生气，有感染力、号召力，这才是语言表述中的一个极其重要的方面。所以，领导在讲话的时候，要有意识地调控自己声音的大小，使每句话都迸发出它应有的力度。

在日常工作中，我们会发现这样一件有趣的事情：领导的讲话稿写得很有气势，而领导在实际讲话的过程中，却像催眠一样，令人恹恹欲睡。究其原因，就是领导不善于调控自己的声音，有可能明明是一篇气势磅礴、彰显力度的讲话稿，在他嘴里讲出来，却似棉花般软绵绵。在生活中，我们都有这样的经验，若自己想让话语更显力度，那么，就会不自觉地提高自己的音量。领导讲话更应该如此，声音稍微大一点，毕竟，你不是只讲给自己听，你要让整个会议室的人听见，如此，你才能达到自己的目的。

领导讲话必须具有感染力，“生命、活力、热情”是领导讲话所必须具备的条件。因为，下属的情绪完全是受领导者所左右的，只要你能在自己的讲话中注入热情，那就能很好地感染听众。要想使自己的讲话极具感染力，有效调控声音是重要影响因素。声音抑扬顿挫，如此，你所说的每句话才能彰显出它应有的力度，也能达到你讲话的最终目的。

1.投入自己的情感

演员之所以打动人，是因为他的感情投入：该哭的时候就哭，该笑的时候就笑。所以，领导在讲话的时候，不要抑制自己的情感，也不要掩饰自己内心的狂热。在讲话过程中，你完全可以通过自己的意愿去给语言添枝加叶，表现出自己的热忱，如此，你的声音也会变得热烈起来，你所说的话语自然也会显示出它应有的力度来。

2.表现热烈

作为领导者，在讲话时候，你还应该表现得热烈一些。尤其是走上讲台的时候，应该是满心期盼的神态，而不是一副满脸沮丧的样子。为了表现出内心的热烈，你不妨踏着轻快跳跃的脚步上台，这样，会让下属觉得你有自己非常热切想要谈的事情。在正式说话之前，先做一个深呼吸，身子不要靠着讲桌，头抬高，下颔仰起。

3.声音大一点

有时候，你所在的讲话场所，有可能是容纳几百人甚至上千人的大厅。即便有扩音器，如果你的声音如蚊子一样小，那

么下面的员工依然会听不到你在讲什么，而预期的讲话效果也就达不到。因此，讲话的时候，声音大一点，若能设法将声音传至大厅的后方，那么，你所说的每个字都是很有力度的。

4.语速快一点

讲话的语速能激起千百万听众情感的波澜，思想感情的起伏变化，语调的抑扬顿挫、轻重缓急以及举止等要素，有秩序、有规律、有节拍地组合，便形成了讲话的节奏。而只有你的语速快一点，才能够营造出那种紧张、富有激情的气氛，才能够感染下属。所以，尽可能让自己语速快一点，但是注意一点，再快也要保持口齿清楚，而不是只注重快而不注重效果，否则就本末倒置了。

5.语气长一点

领导者在讲话过程中，尽量使自己的语气长一点，给人意味深长之感，这样，下属就会被你的语气所感染，提高他们对你讲话的兴趣。

最短时间内讲最精彩的话

领导几乎每到一处都有可能被要求讲几句话或一段话，而且，并不是每次讲话都有写好的讲稿，这就要求领导具备快速组织语言的能力，也就是即兴发表讲话。即兴讲话是一种在特定情境下实现没有准备的临场说话的口语样式。各位领导可千万不要轻视小范围的即兴讲话，这可是你训练口才的好机会。对于领导来说，如果说大庭广众下的讲话是大兵团作战，那即兴讲话就是战地轻骑，它更显得精悍、灵活，所以，一点也不能小看它，就像打仗前一定要厉兵秣马一样，即使三五分钟的发言也要精心准备。当然，即兴讲话，关键在于“即兴”，领导讲话应顺应活动的要求，开诚布公地说出自己的感受、收获，躲躲闪闪的话语是不行的。换句话说，领导需要在最短的时间内讲出最精彩的话，当然，快速组织语言的能力是不可或缺的。

好口才所包括的无非是语言组织能力和语言表达能力，有的领导在没有讲稿的情况下讲话，就会异常紧张，说话语无伦次，结果，自己想说的话没能说出来，而不想说的废话却全部跑出来了，这样的情况自然可以预料结局有多糟糕。对于下属来说，判断领导的口才能力，主要依据的应该是即兴发言。即兴发言，既快又精彩，在短时期内能直接体现领导者的认知能力、应变能力、知识储备状况以及语言表达能力。而对于那种有讲稿的前提下的讲话，根本不能判断出领导是否具备好口才。即兴发言的内容可谈古论今，旁征博引，尽兴发挥，以有价值的资料来阐述问题，当然，即兴讲话不能太随便，不要离主题太远，尽扯些风马牛不相及的事情，否则，你的讲话是无法引人入胜的。

即兴发言的特点是即境而发，随机而发、短小精悍，而即兴发言的构思技巧实际上关系到思维方法问题，这就需要领导

者必须思维敏捷，构思迅速，才能及时、准确地作出回答。当然，千万不要认为即兴讲话是没有中心的，想到哪里就说到哪里。即兴讲话也有讲话的中心，需要明确自己的观点和态度，由于构思的时间较短，领导者必须明确自己想说什么，并确定发言的中心，以及自己的观点和态度。

那么，领导者在发表即兴讲话的时候，如何快速组织语言、快速拟定话题?

1.选择合适的话题

领导在主持会议、宴会的时候，应该处处留心，及时了解并掌握会议和活动的主题、议程安排、参加人员，这样才能在主持会议的时候作好即兴发言。你可以选择与主题相关的话题，或是自己比较熟悉的话题，或是听众喜欢的话题。

2.随时作好讲话的准备

领导无论出席什么会议，参加什么活动，都有被邀请讲话的可能，所以应该随时作好讲话的准备。美国著名的口才学专家卡耐基说：“没有准备的讲话是信口漫话或叫信口开河。”即兴发言虽然没有发言稿，但并不等于不作任何的准备，而是要时刻准备着。

3.简单构思

平时的即兴发言准备时间不多，但是无论如何，也应该围绕话题，迅速在脑海里构思一个简单的讲话提纲。开头怎么开，讲什么；说明的主题分讲几个观点，把观点概括好，用关键词、关键句把它列出来；结尾怎么结，有点、有线、有骨架，这样，简单即兴发言就有了。

领导一开口就要有水平

俗话说："好的开始等于成功的一半。"领导讲话也是一样的道理，不鸣则已，一鸣惊人。好的开场白常常令人忍俊不禁，也使人终生难忘。在许多会议场合，大部分情况都是领导先讲话，对此，拥有好口才的领导，几乎是一开口就有水平，能调动整个会场的气氛。开口就要有水平，简单地说，就是需要一段精彩的开场白，开场白不仅需要精彩，更需要能够详细、巧妙地把活动或会议的内容介绍出来。精彩的开场白给人的印象是深刻的，能达到先入为主、吸引听众的效果。精彩的开场白往往能像磁铁一样紧紧地吸引住听众，提高整个会场的基调和节拍，增强他们对你讲话内容的兴趣。好的开头可以一下抓住听众的心，给人以深刻的印象，吸引人们继续听下去。就像看一本精彩的小说，开始就兴味盎然，人们自然急于了解下面的情节。开场白还要尽量避开那种陈旧死板、千篇一律的格式。你要根据讲话内容的实际或讲形势，或道特点，或提要求，要因境制宜、灵活构思、巧妙设计，让下面的听众在不知不觉中进入你的语境中。

开口就有水平的讲话，就是一开始就用高度凝练的语言

把基本的目的和主题告诉听众，引起他们想听下文的欲望。当然，开场白不能三言两语，草草了事，意不明，言已尽，否则，就会给下属以茫然之感，使他们不明白讲话的主旨，从而失去听你讲话的兴趣。讲话总是在一定的环境中进行的，讲话的顺利进行有赖于良好的气氛，而不俗的开口往往会使下属感到你所说的是与自己切身利益相关的问题或大家共同关心的问题，这样就能刺激下属的兴奋点并吸引其注意力，调动各种积极因素，使整个讲话获得圆满成功。

有一次，王主任召集全单位人员开会，当时会场比较嘈杂，听众情绪还未安定。王主任这样开头了："有个笑话说，张飞和关羽参加一次刘备召开的军机会议，当时大家正交头接耳，刘备无法讲话。张飞说：'哥，看我的。'于是他用在长坂坡喝退曹军的大嗓门吆喝了一声。结果大家并没有安静下来。关羽说：'小弟，你那手不行，还是看我的。'于是，他便坐在刘备的位子上，捋须凝目，似有所思。这下子大伙儿觉得奇怪，倒安静下来了。其实，这只是个笑话，刚才大家交头接耳，现在为什么静下来了？这个问题留给大家思考，我今天所要讲的主要内容是……"开口就是一个生动的故事，立即引起了听众的注意力，整个会场很快安静了下来。

还有一次，王主任在讲话的时候，发现现场气氛太紧张，为了把气氛搞得活跃些，王主任这样开口："有个善于演讲的人总结了一条经验，要调动会场情绪，只要注意看两个人：一个是看长得最漂亮的，看着这个人，可以使你讲话更有色彩；第二个是要注视会场上最不安定的那个听众，镇住他，使你讲得更有信心。我想学习这个方法，咱们这儿长得漂亮的、英俊的有100个，可是也没有发现不安定的听众，这可叫我难办了。”这段话讲完了，大家的情绪得到了缓解，全场的气氛不再紧张了。

在这里，王主任巧借环境，用风趣幽默的笑话来缓解、调节了现场气氛，使大家的情绪得到缓解，较好地融入到了其讲话的氛围中。当然，不同的讲话所需要的气氛是不同的。比如，领导者在征求意见的时候，需要下属畅所欲言，需要的是生动、热烈的场面；而研究解决问题的讲话需要的是严肃、庄严的气氛；欢迎贵宾的讲话所需要的是热情洋溢的气氛。在不同的讲话场合，需要领导以不同的语言营造出与讲话主题相应的气氛，这才能使整个讲话得以顺利进行。

那么，在实际的讲话过程中，领导该如何以好的语言制造良好的气氛呢？

1.新颖生动的语言

生动才能吸引人，领导讲话需要使用新颖生动的语言，离人们的生活很近，这样才能使听众对你的讲话产生兴趣。反之，如果你总是老生常谈，就会让听众觉得寡然无味，也不会对你的讲话有任何兴趣。

2.风趣幽默

幽默风趣是一种“快语艺术”，它突破了惯性思维，遵循

的是反常原则。领导在实际讲话中，必须要想得快，说得快，触景即发，涉事成趣，出人意料之外，又在情理之中，使听众易于在欢笑中接受你的观点。

思维清晰，语言表达有条理

一个领导良好的语言表现力，将直接体现在其说话水平上。领导讲话就是要把话说到点子上，一针见血，句句达意，而不是在那泛泛而谈却说不出个所以然来。领导讲话的目的大多是向下属传达思想、表达自己的观点。对此，如果领导的语言表达不够清楚，那所造成的后果有可能是你在那里讲了大半天，下属却未必能明白其中的真意。如此，领导讲话不就等于白讲了？因此，领导在讲话的时候，一定要句句达意，针对某个问题，要把其中的利害关系说清楚，把怎么办说清楚，并且使下面的人听了完全意会，切忌在半空中论过去、议未来，主题散乱而不清晰。表达是否清晰将在很大程度上体现领导者的口才水平，还能够直接体现领导的思想理论功底、政策水平、逻辑思维能力，卓越的领导大多能够清晰地表达自己的思想及观点，他们往往能透过现象看本质，一针见血地指出问题，然后清楚地说出解决问题的办法。

在日常工作中，领导在与下属的交流过程中，既需要听，也需要表达。如何用语言表达是一门艺术，俗话说："一句话，百样说，看你会说不会说。"说话是一种沟通，而它所要达到的效果是：一是能清晰地表达自己的想法；二是能说服对方接受自己的想法；三是即使对方不同意自己的看法，他对自己所说的话也不会反感。在大多数的时候，我们常常会看到上下级之间因缺乏语言表达技巧，导致误解和隔阂的产生。上下级之间语言表达不清晰、不顺畅，下属得不到应有的指导，而领导也难以得到好的反馈。所以，作为领导，你需要提高自己的语言表达水平，讲话要句句含真意，你的表述足够清晰，下属才会真正领悟到其中的真意。当然，有效表达的首要条件是知道什么时候说什么话，表达要清晰、准确地反映你的思想、情感、情绪。

领导的讲话是否达到了预期目的，就看它是否被下属所理解、所接受了，下属理解了、接受了，才能明确自己的行动方向。当然，要想下属能够准确理解话中的含义，首要条件是需要领导具备良好的语言表达能力，即清晰地表达自己的思想及观点。相反，如果领导的语言表述不够清楚，那么，下属就会听得一头雾水，似懂非懂，最后，他们自然不能配合领导者采取相应的行动了。

有时候，领导用寥寥数语就能够赢得民心，重要的原因不在于这位领导有多么好的口才、有多么强的语言表达能力，而是在于他的语言朴实无华，情深意切，打动人心。

1.准确运用语言

领导讲话要注意语言运用的准确性，要做到"两通""一

短”。两通，一是通俗，讲话往往是靠听者的听觉接受的，所以，要让听者听清楚、听明白，语言就要恰当、通俗易懂。领导不要自以为是地追求一些华丽的辞藻，说一些生僻怪异、晦涩难懂的词语和术语。领导在讲话的时候，引用古语典故也要准确，要注意听众和语言环境，要使人能够理解。二是通顺，领导讲话要语言表达清楚，不要模棱两可，说起来琅琅上口，听起来也要悦耳动听，千万不要用那些拗口、听起来别扭的语言。“一短”就是句子要短，领导在讲话中尽可能用短句子，有的句子太长了，就会让人听不清，容易产生误解。

2.切合语境

领导讲话的时候，一定要切合语境，就是指你要根据你说话的客观现场环境，包括时间、地点、目的以及讲话的内容等来发表你的讲话，这样才能更准确地表达自己的想法。有的领导不管语境，而是只顾着自己说，结果他在台上说了大半天，台下的听众还是不知道他所表达的意思到底是什么。

领导讲话的内容一定要与你讲话的时间、地点与场合相适应，否则就有可能让下面的人摸不着头脑。一个领导在公共场合说话，与私底下和下属讲话是不一样的，如果把在公共场合的演讲式的谈话放到你与下属之间，你的下属会不明白你到底要表达什么意思，这样就无法让他很好地完成任务。

第03章

妙语连珠，善用语言修辞方式

好的语言表达，体现在它的准确性、可理解性和感染力，而且符合自己的表达目的，适合对象和场合的得体的、适度的表达。领导在使用语言的过程中，巧用修辞可以增强语言表达效果，增强语言感染力。

一语双关，增强语言艺术色彩

中华语言文化，博大精深，很多词语或句子都具有多义性，如果在讲话中巧妙地运用这种多义性，就可以达到出神入化的效果。一语双关，就是有意识地使用同一个词或者同一句话，在同一个语言环境中兼有两重意思。也就是利用语言的多义性，使讲话含义不仅表现在某个词或一句话的字面意义上，而隐含这个在词或这句话的背后的含义才是真正的表达意图。通俗地讲，就是表面上说是这件事，实际上是指另一件事。这可以极大地增强语言的艺术色彩，还可使讲话简单明了，又含蓄自然、幽默风趣。

1.隐晦地表达想法

很多时候，由于现实的各种原因，你在讲话的时候不能把一些事情直接摆出来讲，但是你又想表达出自己的想法。这时，你就可以利用一语双关来隐晦曲折地表露出自己的想法，这样的方式对于大多数人来说既能放松心情，又能在轻松欢笑中不知不觉地接受你的观点。

特别是在一些严肃的场合下，有一些话不便明说，一语双关则能隐晦曲折地表达出这种想法。

2.富于风趣

由于很多词汇的多义性，这就决定了在使用的时候，不仅含蓄自然，还会达到一种生动风趣的效果。

3.化解尴尬

这一语双关，既化解了尴尬，又使话语含蓄、幽默，富于风趣，还能加深语意，引人思考，给人以深刻的印象。所以，经常被人使用，受到大多数领导者的青睐。

运用一语双关的修辞手法，要注意贴切，分清场合与语言环境，注意对方的理解能力，选择好内容与双关形式。如果运用不当，很可能导致双关艰深晦涩，落入低级趣味。

比喻，形象生动又深刻

比喻，就是打比方，即以彼物比此物。当你需要去说明一个事物时，不是直接去说，而是通过描述或说明另一个事物来达到目的。这样，用人们比较熟悉的东西来描述、解释人们不熟悉的东西，就会减少交流之间存在的一些障碍。毛泽东在《抗日战争胜利后的时局和我们的方针》中讲抗战胜利果实应该属于谁时，以种桃树、浇桃树、摘桃子作比喻，说明胜利果实是属于抗战军民的，既形象生动，又深刻有力。

高深的理论，只因为巧用人的感受作比喻，简单几句话就说明白了。巧妙运用比喻，能使语言生动，增加讲话的形象性、生动性和感染性，让语言更加精彩。爱因斯坦对相对论的解释，不仅能让人理解相对论的内涵，更让人觉得风趣可爱。

比喻一般由本体、喻体和喻词三部分组成。本体是被比喻的事物；喻体是用来作比的事物或对象；喻词则是标明比喻关系的词语，如“好像”“恰似”“像……一样”等。如陕西某领导说：“从地图上看，陕西区域就像一个跪着的‘兵马俑'。在新的历史时期，我们要进一步激活它，让它跑起来。”这里，陕西区域就是本体，而“兵马俑”就是喻体，“像”就是喻词。

领导讲话是为了阐述道理，要把那些生硬、枯燥的理论表述得生动具体，使别人印象深刻，这本来就是一件困难的事情。但如果能运用贴切的比喻，就能化难为易，几句简单的话就能说明深刻的道理，极具说服力。用好比喻需要注意以下几个问题：

（1）两者相近。比喻的本体和喻体必须是完全不同，但又在某方面有极相似之处的两种事物。属性相同的事物，很难激发人们的联想，这样就没有比喻的意义；而没有相似之处的事物，根本不具有可比性，也不能用来比喻。

（2）通俗易懂。在选择喻体的时候，一定要注意浅显，生动具体，并且与听众的生活非常贴近，只有这样才能让人更容

易理解和接受。

（3）形神兼备。就是拿来对比的两个事物不仅需要外表的共同点，还必须有内在特质与神情上的相似点，这样才能揭示事物的精神实质。

（4）自然贴切。比喻可以为语言增加色彩，但并不是说比喻越多越好。不能为了比喻而比喻；不能出于猎奇而矫揉造作、故弄玄虚；比喻还应该有创造性、新颖性；不能老用那些已经为人熟知的比喻；而那些不自然的比喻，不仅不能为讲话添彩，反而会让听众反感。

排比，增强语言气势

领导讲话要引人入胜，就必须有气势，让听众感受到语言的压力，感受到力量。运用排比是最能增强语言气势的，可以让话语整齐明朗，富于节奏感，让听众感受到一种气势如虹、滔滔不绝的语气力量，给听众以强烈的震撼，使语气气势强劲，情感得到升华，形成强烈的表达效果。

排比这样的修辞手法一般是由三个或三个以上结构相同或相似、内容密切关联、语气一致的词组或语句排列而成，用来表达同一范围、同一性质的事物，以增强语势，增强节奏感和旋律美，加强语言的力度。

如果领导在讲话中灵活巧妙地运用排比，就可以增强语势和感情色彩，给人以强烈的震撼感。当然，排比句的运用，也不是多多益善的，需要注意场合与语境。这里需要注意：

（1）从实际需要出发，根据条件恰当运用。不能为追求形式美而增加内容，勉强地去凑排比句。

（2）排比的形式应根据语境灵活选择，无论是词的排比、句的排比还是段的排比都是灵活运用的形式。排比中每一部分都应该是平等独立、互不包含的，而在顺序上，最好能够由轻到重排列，层层深入才能够达到气贯如虹的效果。

（3）掌握排比句使用的度，适可而止，不能盲目使用，有时候多了反而会影响到语言表达的效果。

夸张，唤起听众想象

适度地夸张能使人或事物的形象或特征更加突出，给人的感觉更加强烈，从而使人受到话语的感染而投入更多的注意力。领导者在讲话的时候，为了表达需要，可以在尊重客观事实的基础上，故意言过其实，夸大或缩小一些人或事物的某方面特征，以此形成强烈的对比效果。当你读到李白“飞流直下三千尺，疑是银河落九天”的诗句时，你就不得不用心去体会庐山瀑布那从天而降、气势磅礴的形象，夸张手法的运用，让

这瀑布的美震撼人心。

适度的夸张是在某些方面“言过其实”，但是又需要有真实来作为基础，这样才有利于突出事物的特殊性，进而唤起听众的想象，突出个性形象。

在讲话中合理地运用夸张技巧，便于揭示事物的本质，加强语言的感染力，还能够启发听者的想象力。但是在运用夸张的时候，要注意必须以现实生活为基础，不能漫无边际，而应该做到“言过其实”但又“合情合理”，不是真实而又胜似真实。

某领导在就职演说中有这样几句话：深圳最大的贡献和成就，也不仅是25年来由一个边陲小镇，建成了一座现代化的大都市，创造了“一夜城”的世界城市发展奇迹，尽管这也是很不一般的成就。把高速发展的深圳比作“一夜城”，形象生动，虽然作了夸张，但取其建设速度快这个特点，较为得体，效果很好。

在运用夸张手法的时候，必须以客观实际为基础，在不失去真实感的前提下进行夸大或缩小，绝不能无中生有，信口开河，把事物过分夸大或缩小。另外，夸张还必须结合特定的目的与场合而用：如果是在一些较为严肃的场合，就不宜用夸张的语句；如果是在随意的场合就可以灵活地运用夸张手法，以活跃气氛，增加谈话的趣味。

设问与反问，调动听众积极思考

为了提醒、加重讲话内容，吸引听众的注意力，增强语言表达效果，有时需要在讲话中进行自问自答，巧妙运用设问、反问，与听众形成互动，调动他们积极思考问题，并感染听众的激情、热情。

1.设问

设问能够产生悬念，引起人们的注意力，启发听众思考。如果设问运用得好，就会使讲话极具说服力和感染力，产生让人无法辩驳的说理效果。常用设问，还能帮助讲话者抒发情感，曲折含蓄地表达出某些隐晦的信息。比如，有人在讲话中这样说道：什么是龙头？龙头就是标杆，就是参照系，别的都要服从，都要以此为标准，必须将认识进一步统一到这个总的指导思想上来。

设问的问话，也要注意一些问题，千万不要提一些无关紧要、众人皆知或者缺乏震撼力的问题，也不需要问得太过频繁。设问的运用，关键就在于为讲话内容设计几个比较醒目、巧妙而又有分量的问题，给听众一种好奇感，激发他们对答案的期待，然后自己作答，娓娓道来。

2.反问

反问是不需要回答的问题，答案就在问话之中，就是对问话的否定。反问的运用，可以表达出非常激烈的情绪，在热情

奔放、情绪激昂的场合最适合运用。

（1）增强震撼力与感染力。有时候，一连串设计巧妙的反问句，能使讲话具有非常强的气势，以及极大的震撼力与感染力，让听众听了之后情绪高涨，热血沸腾。

（2）极具说服力。卡耐基曾经说过，如果想说服别人，最好的办法就是举出例证反问之，因为反面的例子比正面辩驳更具有说服力。所以，有时候，领导者需要说服别人的时候，不妨采取反问的手法，举出一个反面的例子来进行有力的说明。

（3）表达更鲜明。其实，反问是用疑问的形式来表达所确定的内容。运用反问能够增强语势，把原来肯定的意思表达得更鲜明，不容置疑，所以，也更容易集中听众的注意力，给听众造成强烈的印象，容易唤起听众的想象和激情，这样的表达方式比正面更能产生力量。

反问把答案寓于问句之中，而它所表达的思想内容与句子的表面意思相反：如果语句表面意思是肯定的，那么思想内容则是否定的，反之亦然。

对照，鲜明表现立场和观点

对照就是把两种不同的事物或同一事物的两个不同的方面放在一起相互比较。通过互相比较，可以使事物的性质、状态和特征等更加鲜明突出，并且能够鲜明地表现出讲话人的立场和观点。如闻一多先生在《最后一次讲演》中多次运用这种技巧，讲到国民党特务暗杀李公朴，还嫁祸给共产党，并说是什么桃花事件时，闻先生说："这是某集团的无耻，恰是李先生的光荣。"闻一多先生把国民党反动派的无耻与李公朴为革命而献身的光荣相对比，不仅赞扬了李公朴的革命精神，还表现了闻一多先生的爱憎感情。

鲁迅在《战士和苍蝇》一文中这样说过："有缺点的战士终究是战士，完美的苍蝇竟不过是苍蝇。"在这里，鲁迅把"战士"和"苍蝇"拿来对照比较，尖锐地嘲讽了那些污蔑革命者的可耻者，坚定地支持了革命的勇敢战士。在生活中我们将两种不同的事物进行对照比较，都是为了突出事物的某一方面，或者使大的显得更大，小的显得更小，或者使好的显得更好，坏的显得更坏。如果是将一件事物的两个不同方面进行对照比较，那往往是为了把事物说得更透彻、更全面、更鲜明。

第 04 章

问答有术，句句箴言引导下属

领导在日常工作中，少不了要与下属、客户进行面对面的沟通，而沟通自然少不了一问一答。提问和回答问题也是非常讲究方法的，沟通是两个人的互动，即双方交换想法和意见，共同形成一次有效的交流。

提问要具体，下属容易回答

领导在与下属沟通的时候，善于提问是很有必要的。一个好的问题可以引发出一个愉快的话题，而一个愉快的话题可以促进此次沟通的成功。当然，提出的问题应该尽量具体，做到有的放矢，切不可漫无边际、泛泛而谈，面对不同的谈话对象需要提出不同的问题。有时候，对方有可能是一个很健谈的人，如果你只是泛泛地问“今天过得怎么样”，他可能就会从早餐开始一直谈到今天的天气、交通状况等。如此漫无边际的谈话，从中你既不会得到自己需要的信息，也不会感到愉快，只会相当烦躁。

著名主持人蔡康永曾说：“问的问题越具体，回答的人就越省力；回答的人越省力，他就越有力气和你聊下去。”虽然，这是他主持节目多年所得出的经验之说，却也是非常适合领导使用的。在日常工作中，比如，需要询问下属“你喜欢去什么样的国家旅行”，这个问题肯定比不上“你在旅行时被骗过钱吗”，而“你喜欢什么样的工作”肯定比不上“你喜欢会计这份工作吗”，领导在向下属提问的时候，所问的问题要具

体，太空泛了很容易令对方感到无从回答，造成这样的情况，交流就会受阻碍。其实，换个角度，将问题问得更具体，实际上也是为自己留“后路”，你可以通过提问来引起一个话题，而这个话题恰好是你能够掌控的，无形之中，你就暗暗掌握了话题的主控权。而在这样一个沟通的过程中，对方却没有不快之感，这才是提问的高明之处。

领导向下属所提出的每一个问题，要具体集中，不能含糊不清，不能太宽泛。如果所问的问题太宽泛，会导致对方不知道该从何处回答，还有可能导致话题直接走入死胡同。大多数记者都善于提问，而且，他们很清楚自己的目的，一位记者讲述了自己提问的一次经历：“有一次，我采访一些到日本打工的农民，我猜想下面的观众一定想知道他们在日本工作和生活的情况。这一类的问题是一定要问的，但是，如果我这样问：‘你在日本怎么样？’那么，采访者可能不知道该如何回答，于是，我换了一个比较具体的问题：‘你在日本有没有最难忘的事情，给我们讲讲好吗？’如此一来，对方只需要讲一两件事情，我们就了解了他在日本工作和生活的情况。”从记者的经历，我们不难看出，当提问变得越具体的时候，对方就越容易回答，同时，我们更容易掌握沟通的主动权。

1.提问越具体，越容易掌握话题的走向

如果你向下属提问“你喜欢什么样的工作”，由于话题本身的笼统性，下属有可能会给出你意想不到的答案，比如，

“我喜欢做自由职业者”“我不太喜欢现在这份工作”，如此一来，势必会造成沟通的尴尬。这样提问，领导者无疑是自讨苦吃，或者下属给予一些模糊的答案“我不知道”“都很不错啊”，如此敷衍的答案也没法让你清楚地判断下属心里到底在想什么。所以，向下属提问，问题越具体，领导者就越容易掌握话题的走向。

2.通过提问营造和谐气氛

在沟通一开始，领导可以以提问方式制造出双方都想谈话的气氛，引导下属走入自己所要谈论的话题中，这时，下属会觉得终于找到了了解自己的人，以为自己碰到了职场知己，而他也会感觉到与你谈话是轻松的。

3.学会提出让下属更省力的话题

有的问题太泛泛而谈，让人难以回答；有的问题太笼统了，答案并没有在自己掌控范围之内，那么如何提出让对方更省力的具体问题呢？在现实工作中，领导者可以尝试这样的发问方式：先问两三个像是非题或选择题的具体问题，把下属有兴趣聊的范围给搜索出来，再用申论题往下问。

由浅入深的提问，为下属设置好台阶

在日常工作中，上下级之间的沟通是必不可少的，而让

下属说得越多，领导了解下属真实心理的机会就越多，而只有领导完全了解了下属所思所想，方能令其为己所用。想让下属说得更多，那就得善于提问。提问，它是社会交际中常见的一种活动，使沟通按照自己计划的进程发展，使对方说出自己想要得到的回答，这将取决于人们提问技巧的高低，提问的一个重要作用就是让对方为自己解疑释难。有时候，为了能够详细地了解对方的真实情况，我们需要先提问简单的问题，以此作好铺垫之后，再增加问题的难度，触及问题的实质，达到自己的最终目的。这样的提问方式，也就是“逐层递进、由浅入深”，而如此的提问方式大多见于课堂中。

在与下属沟通的过程中，需要领导经常提问，而如何提问则成为了非常关键的问题。在很多时候，我们所提的问题是不适宜直接提出来的，而是需要设置铺垫的。简单地说，提问需要逐层递进，才不会显得突兀。一个好的问题提出来，不仅有助于下属对于问题的理解，而且，可以充分调动下属的积极性思维，活跃谈话气氛，让下属积极地参与到话题中去。不过，在现实工作中，我们常常会发现，在领导提出一个问题后，下属可能会目瞪口呆，一时回答不上来，其实，这并不是下属没有能力回答，或者说下属笨，而有可能是领导提出的问题和答案之间的思维跨度极大，关联性不是很强，当然，下属就回答不上来了。就像是一个人在上楼梯，如果楼梯都找不到或者楼梯台阶太高了，他又怎么上去呢？所以，领导在与下属沟通的

时候，要学会提问，在提问之前要有所铺垫，注意思维的连贯性，注意引导，为下属设置好台阶，这样，下属才容易回答你的问题。

一位主持人回忆了自己的一次采访经历："在一次采访中，我们要通过散装水泥谈到节约型社会，如果一上来就大谈如何建设资源节约型社会，感觉很空洞，观众也不会喜欢，因此，我们就先从解释散装水泥说起，最后升华到提倡资源节约型社会，这样就很自然地达到了目的。"所以，在日常工作中，领导提问要善于掌握谈话的真正目的，提问方式须由浅入深，由表及里，如此，才能够获取自己想要的信息。

领导向下属提问，其实就恰似于老师向学生提问。在提问的时候，需要有所铺垫，你的问题提出来才不会显得突兀。比如，领导一开口就问："这事你怎么办成这样？"而在这之前，没有任何的提示、铺垫，或许，那些反应不够快的下属会摸不着头脑，不知道你问的究竟是什么。领导应如何提问呢？

1.由浅入深

在正式提问的时候，需要做到由浅入深，任何谈话在最开始时都会从一个很浅显、很小的点切入，一点点地深入。比如，许多主持人在采访名人的时候，有可能第一句话只是："你最近在忙些什么？"以最浅显的最近动态，慢慢延伸，再聊到其关于感情、工作方面的话题，从来没有一个主持人开门见山就问："听说你的公司最近亏损了，到底是怎么一回事，

能给我们说说吗？”这样的提问对采访者显得不够尊重，另外，观众也不太容易接受这样的提问方式。其实，这样一种由表及里的提问方式，恰恰是领导者需要学习和借鉴的。

2.由表及里

在询问到某一大问题的时候，领导者不要着急触及问题的实质，而要先从表面下手，先询问下属几个简单的问题，等铺垫得差不多了，再问及问题的实质，这样，会显得你的提问不那么突兀，自然，下属也就容易回答了，整个谈话也能顺利进行了。

尖锐问题，不妨绕个圈子提问

在现实工作中，面对一些尖锐的问题，领导者又该如何提问呢？有的领导者在这时依旧把自己的姿态摆得很高，以审判者自居，于是，把那些陷于不幸或处于难堪境地的下属当作应该谴责的对象。他们在提问的时候，语气总是处处露锋芒，提出一些尖锐的问题，诸如“听说你的公司倒闭了”“你在吸毒吗”“你离婚了吗”，等等。虽然，在他们内心深处并没有太大的恶意，但是，如此尖锐地提问会让下属感觉自己是在接受“审问”，同时，那些尖锐的词语或者带着审判意味的语调都会令下属感觉很受伤。有的时候，领导只是毫不在意地提出了

一个问题，但所造成的后果很可能是严重的，下属有可能会因为这个问题而受伤，而心生不快。其实，沟通的目的在于更好地了解彼此，把自己的想法和意见有效地传递给对方，在这一过程中，不要给语言穿上“刺猬服”，也不要咄咄逼人，而是要把温暖传递给对方，减少问题的尖锐度，让对方不会觉得难以承受，这样他就会明白你是在关心而不是审问。

陶行知说：“发明千千万，起点在一问。禽兽不如人，过在不会问。智者问得巧，愚者问得笨。人力胜天工，只在每事问。”其中，“问得巧”就是将那些尖锐的问题“柔”化，或曲解，或迂回，或绕圈子，不露锋芒地获取信息。

一位刚刚进城的年轻人走进了咖啡厅，刚一坐下，他就拿起桌上的餐巾围在了脖子上，老板看见了，吩咐一个服务员：“你过去告诉他，他好像弄错了。”服务员走了过去，对年轻人说：“对不起，先生，您是要刮脸，还是要理发呢？”年轻人听了这话立即拉下了脸，头也不回地走了。

服务员这样的提问虽然采用了迂回的方式，但是，似乎圈子绕得太远，而且，不太符合场合礼仪。试想，谁也不会跑到西餐厅来刮脸或理发，这种看似委婉的提问，在年轻人听来却异常尖锐，好似话语中带着某种讽刺和嘲弄。所以，即使绕个圈子提问，领导者也需要注意交际场合，否则，问题会变得更尖锐，不仅令他人感到难堪，同时，还会让自己也下不了台。

古人曰：“曲径方能通幽。”提问也是一样的道理，在现

实生活中，许多领导热衷于直截了当地提问，不修饰、不绕圈子，虽然，这样的提问比较真实，但是，它也使得问题太尖锐，不具备实际操作性。提问的目的是引起谈话双方的兴趣，为话题作好铺垫，这样才有助于话题能够顺畅地进行下去。提问最为关键的一点是，营造出和谐的谈话氛围，而直截了当的提问极有可能会伤了下属的面子，尖锐的问题只会令下属感到难堪，破坏原有的和谐气氛。因此，在提问的时候，领导者不妨绕个圈子，采用迂回的提问方式，否则，你难以将话题继续下去。

一个问题可能有多种提问的方式，简单地分类，不过是两种：直问和曲问。直截了当、单刀直入地提问叫直问；从侧面或反面迂回地提出问题，叫曲问，问在此而意在彼，不从常规出发，而着眼于提问的方式，可以很好地照顾到对方的心理。不可否认的是，新颖别致的曲问，已成为领导者日常交际中最常用的一种提问方式。

那么，在现实生活中，领导者该如何将尖锐的问题圆润地提出呢？

1.试着了解他人的处境

沟通是建立在平等的基础之上的，领导者没有必要带着某种优越感去看待别人，一旦你有了某种优越感就会导致沟通失败。所以，面对别人的不幸遭遇，或者面对别人难以开口的问题，不要粗鲁地带着尖锐词语直接质问，而要采用谈话的方式，试着了解对方的处境。当你发现自己所提的问题比较尖锐的时候，尝试着倒推两三步，试着去理解对方所处的境地，尽量把问题变得圆润而委婉。

2.把刺耳的字眼换成“具体陈述”

在提问的时候，尽量把那些对方听来觉得刺耳，有审判味道的字眼，改成具体陈述。比如，主编在询问到下属关于抄袭这样的敏感话题的时候，可以这样说，“某学术期刊上面有篇论文跟你上个月交上来的那篇，内容上有重叠的部分，大概有五千字”。虽然这样的“具体陈述”式提问有点麻烦，却显得很具体，听起来没有直接指责的意味，只不过告诉对方你在就事论事而已。

3.必须提出尖锐的问题，可以适当借助“抽象的第三方”

当然，如果是遇到公事上的问题，你必须提出尖锐的问题，这时候，建议你摆出抽象的第三方来当挡箭牌。比如，在提问到公司里某些贪污的新闻，这时候，领导可以抬出第三方势力来提醒那些下属。比如，“你就任即将满三年了，媒体记者们在报道你的政绩时，恐怕也一定会提到，一直都没有得到你亲口澄清，有关两年前的那则受贿事件的传闻”，当然，这招也可以用在你向上司提出问题时。

面对下属提问，保持诚恳的态度回答

位居在领导者这个位置，决定其不可随意说话，说什么话，以什么样的态度说话，那都是需要仔细考量的。对于下属或其他人的提问，领导者千万不要认为自己可以随便回答，简单地敷衍“就这样吧，我会看着办的”“我知道了，知道了，你不用说了”“这会儿我正忙着呢，过几天再来吧”，如此一种敷衍、拖延时间的回答策略是万万不可的。在下属眼里，领导是可以为自己解决一些问题的，诸如解释疑难、解决心中的难题，他们几乎把一切的希望都压在了领导者身上。在这样的情况下，作为领导者，你更应该以诚恳的态度回答他们，从而显示出自己的诚信。其实，你在为其解决问题的过程中，也为自己树立了诚信的领导形象。相信，以后的工作中，下属对你的评价将会越来越高，对你也是越来越敬重。

一名企业或公司的领导，不仅要通晓管理的理论知识，还必须拥有娴熟的领导艺术。因为在企业或公司中，下属是直接接触到具体业务的人，而具备与下属交际的沟通能力是领导艺术中的一门必修课。领导在面对下属提问的时候，应用诚恳的态度回答，显示出自己的诚信，因为只有了解下属的思想动态才能够进行卓有成效的管理。人与人之间的关系核心是坚持互相了解，这样能够提高知觉的精确性并增强沟通的效果。许多公司企业高管大多主张与下属进行坦率诚恳的沟通，尤其是面对下属所提出的问题，领导者应以诚恳的态度回答或帮助其解决问题，显示出领导者应有的诚信。在日常工作中，上下级的沟通是不可避免的，这其中的沟通问题同样也是无可避免的，而诚恳、坦率是人际关系中的重要元素，同时，也是促进沟通渠道畅通的有效保证。在任何时候，态度诚恳都将是最受用的沟通方式。

美国总统林肯曾说："一滴蜂蜜要比一加仑胆汁能吸引更多的苍蝇。人也是如此，如果你想赢得人心，首先就要让他相信你是他最真诚的朋友。那样，就会像一滴蜂蜜一样吸引住他的心，也就是一条坦然大道，通往他的理性彼岸。"用诚恳的态度回答他人的提问，以此打动人心，这本来就是最佳的沟通方式。

提问、回答实际上是一个交流的过程，面对下属的提问，领导者应保持诚恳的态度回答问题。而态度诚恳主要包括以下几个方面：

1.用心倾听

学会倾听是成功交流的前提，领导必须弄清楚下属提出的问题，才能作出有效的回答。好的倾听者，不但是用耳倾听内容，更是用心倾听感情，正确的倾听态度才能达到最佳倾听效果。在与下属沟通的过程中，认真倾听下属的问题不只是对下属的尊重，还可以体现出自己的修养。学会倾听是加强上下级之间的沟通，促进形成良好的人际关系的有效途径。

2.用心交流

在与下属进行语言交流的时候，领导者要学会用心交流，在回答问题的时候，简洁明了、用心说话。在回答下属问题时要用情说话，不能公式化地回答，不与下属交流。一个会用心去和下属交流的领导者，会向下属展现出问题之外的东西，诸如情商、诚信。

3.知之为知之，不知为不知

一个人的知识量毕竟是有限的，即使准备得再充分，面对下属提问的时候，也难免会遇到自己不懂的问题。在面对下属提问的时候，领导者千万不要不懂装懂，这时候，不妨开门见山地向下属坦白自己并不知道如何回答，以此还能拉近你与下属之间的关系。当然，在某些时候，你也可以发挥自己的主观能动性和创造力尽力去回答问题，但是，切勿南辕北辙、张冠李戴。

回答有条有理，对方更容易信服

有时候，即便是面对自己很熟悉的下属提问，领导者也需要准备，他们为了了解更详细的情况，会对一些问题问得十分透彻，还有可能问一些问题以外的东西，这时，如果没有一定的准备，你就无法做到有理有据，甚至可能是上句不接下句，而最终只会损害领导者的形象问题。在很多时候，或许领导者本身并没有对问题有过多的思考，在这时，也不要随便几句就打发了提问者，而是要三思而后说，尽量使自己的回答有理有据，句句中肯不偏激，这样的回答，一来更有说服力，二来会有效地提升领导者的形象。

面对他人的提问，领导者应回答得有理有据，句句中肯而不偏激。不管你遇到的是多么无聊的问题，还是多么让人气愤的问题，在回答的时候，都应遵循一定的依据，说话中肯，如此，才不会失了领导者应有的身份与气度。当然，要想回答有道，则应做好准备工作。俗话说："凡事预则立，不预则废。"领导者在回答提问之前应做好准备工作，这样，在正式回答问题的时候，才能应付自如、游刃有余，也能做到有理有据、句句中肯不偏激。作为领导者，有可能被问到任何问题，尤其是一些犀利的提问者，经常会问一些敏感、刁钻古怪的问题，如果没有作好充分的准备，就会直接导致你在提问者面前张口结舌，场面会十分尴尬，进而会影响到自身的形象。

一般来说，领导回答问题的步骤主要有五个，那就是：预见问题，早作准备；倾听问题；确认对问题的理解；辨别问题的性质；认真回答问题。领导者必须在这五个步骤中牢牢掌握自己的主动权，把握好每一步，才能够有准备、巧妙地回答对方的问题。

那么，在现实工作中，领导该如何做到回答有理有据、

句句中肯呢？

1.保持清晰的思路

领导者在面对提问之前，必须保证自己的思路清晰。因为只有在自己思路清晰、思维敏捷的情况下，才有可能对别人提出的问题进行及时、有效的回答。如果在提问之前，你的思绪还是一片混乱，那么当对方进行突然发问的时候，你就可能一下子卡在那里了，这样就会造成十分难堪的局面，甚至有损你的领导形象。

2.预见问题

领导者可以通过自己的理解提出一些预见性的问题，这可以为你回答问题早作准备。因为在回答问题的时候，一般时间都比较短，而考量的就是领导者的思维敏捷度。如果能够对一些问题作预先准备，那么你在实际问答问题的时候，就会快速整理思路，说出准确、清晰的答案。另外，对一些不怀好意的提问也能够及时给予回应。

3.必备的应急预案

领导者所面对的人有可能问任何问题，特别是有的提问者尖酸刻薄、言辞犀利，他会在你防不胜防的时候，随时发问，而且问题都是极为尖锐的，有的甚至带着恶意。这就需要领导者事先作好准备，有一些应急的回答。

如何回答那些突发性、不友好的问题，对领导者来说尤为重要，也关系着领导者的形象问题，所以，领导者必须提前想好应急预案。比如，面对一些不必要回答的问题，你可以巧妙地拒绝；面对一些突然发问而你又没有思考过的问题，你可以说“对于这个问题，我也正在思考”；面对一些不友好的问题，或者是答非所问，避开锋芒，或者是故意曲解他的问题，有效地转换话题，或者是柔中带刚，巧妙反击，等等。只有全面地做好应急方案，才能使自己在面对任何有攻击性的问题时都坦然自若、微笑面对。

第05章

激励机制，挖掘潜能启动引擎

每个人都渴望得到来自他人的肯定，下属也不例外。对于带好队伍而言，激励是一种方法，更是一种手段。领导者掌握激励下属的原则，根据不同的情况，面对不同的员工，选择合适的激励方法，运用积极有效的手段对下属加以管理，无疑是成功管理的制胜秘诀。

肯定下属的业绩

英国女演员、诗人乔吉特·勒布朗说："人类所有的仁慈、善良、魅力和尽善尽美只属于那些懂得鉴赏它们的人。"任何一个下属都希望得到别人的肯定，尤其是上级的认可。美国著名的企业管理顾问史密斯指出："一个员工再不显眼的好表现，若能得到领导的认可，都能对他产生激励的作用。"在现实工作中，许多员工竭尽全力地把工作做得很出色，却从未得到过哪怕是一声"谢谢"，这是因为绝大多数领导者想当然地认为将事情做得出色是下属应该完成的工作的一个组成部分。事实证明，领导者如此的"忽视"会让下属感觉很受伤，作为领导者，在下属工作出色的时候，你应该迅速说出下属的业绩表现，令下属感受到你的关注。

在日常工作中，相信大多数的上司都是追求完美的人，总希望布置给下属的工作能够被及时、有效地完成。事实上，追求完美的人对任何事都要求很高，可以说，这也成为了领导的一个缺点，你的苛刻使得下属感受不到你的肯定与激励，他们

所感受到的只有失望。作为领导者，当下属的工作已经做得很好的时候，你需要快速加以肯定，及时说出下属的业绩表现，在这个过程中，你肯定了自己的下属，也就相当于肯定了自己。一说到如何激励下属，不少领导者就抱怨："我一没有给下属提升晋升的职权，二没有给下属加薪发赏的钱，你让我怎么激励下属？光要嘴皮子怎么行？"实际上，一些有作为的企业家和领导者在实际工作中总结出了不少行之有效的低成本甚至是零成本的激励方法，其中之一就是迅速说出你下属的业绩表现，令下属感受到你的关注。

杰克·韦奇说："我的经营理论是要让每个人都能感觉到自己的贡献，这种贡献看得见，摸得着，还能数得清。"当下属完成了某项工作的时候，他们最需要的是来自领导对自己工作的肯定，可以这样说，领导的认可就是对其工作成绩的最大肯定。领导对下属工作业绩的认可是一个秘密武器，但认可的时效性最为关键，如果用得太多，价值将会减少，如果只是在某些特别场合和少有的成就时使用，价值就会增加。相应地，领导者可以采取发一封邮件给下属的方式，或者是打一个私人电话祝贺下属取得的成绩，或者是在公众面前跟他握手并表达对他的赏识。

1.细微处认可下属的业绩

企业顾问史密斯指出，每位下属再小的好表现，如果能得到领导的认可，就有可能对下属产生激励作用。对领导者来说，认可下属的业绩，这是非常简单的事情，比如，拍拍下属的肩膀、写张简短的感谢纸条，这些非正式的小小认可，甚至比公司一年一度召开盛大的模范表彰大会效果会更好。

2.适当赞美

在日常工作中，大多数领导者都吝于称赞下属，其实，在上下级相处的过程中，适当的赞美是必须的技巧。其实，赞美下属并不复杂，这是一个无关时间与地点的问题。作为一个领导者，你可以随时随地赞美下属，以此达到令下属受关注的目的。

赞扬是激励下属的最佳方式

畅销书《奖励员工的一千零一种方法》的作者鲍勃·纳尔逊说："在恰当的时间从恰当的人口中道出一声真诚的谢意，对员工而言比加薪、正式奖励或众多的资格证书及勋章更有意义。这样的奖赏之所以有力，部分是因为经理人在第一时间注意到相关员工取得了成就，并及时地亲自表示嘉奖。"作为领导者，你需要记住，打动人最好的方式就是给予对方真诚的欣赏和善意的赞许。在每天工作结束的时候，领导可以花几分钟写个便条纸对表现好的下属进行赞扬，透过走动式管理的方式看看下属，及时鼓励下属，或者抽时间与下属吃个午餐、喝

杯咖啡，实行公开表扬、私下指责等，管理者只要多花一些心力，下属就能受到莫大的鼓舞，使工作成效大幅度提升。

中国人历来不习惯赞扬别人，他们经常会把对别人的赞扬埋在心底，而总是通过批评别人来“帮助他人成长”。其实，人们的这个想法是错误的，在很多时候，赞扬比批评带给别人的进步要大。而对于领导者来说，如果能把“赞扬”运用到企业管理中，也就是人们常说的“零成本激励”，将会更有效地提升员工的工作热情和效率。而想要通过赞扬来达到激励下属的目的，作为领导者，你应该明白自己下属的心理，学会赞扬下属，要做到这些，其实是很不容易的。某著名企业家得出了这样的结论：“激励是创新的源泉，惩罚是维持现状的手段。”要想使下属的工作有所创新，就必须学会赞扬下属，让下属从表扬声中获得激励。真正优秀的下属其实是被赞扬、被激励出来的，或许是受儒家文化的影响，中国人很谦虚，经常会说“失败是成功之母”，实际上“成功才是成功之母”。所以，多多赞扬你的下属，这会让你的管理工作更成功。

作为领导者，你要懂得赞扬下属，懂得为下属鼓掌，对于下属来说，鼓励和赞扬是非常重要的，它可以使下属领悟到工作的意义，得到尊重感的满足。领导者的赞扬并不要求太多，有可能是一句肯定的话、一句真诚的赞美，也可以是一个善意的微笑，一束期待的目光，只要是真正发自领导者的内心，下属一定会干劲十足。

赞扬别人，就像是用一支火炬照亮别人的生活，同时也照亮了自己的心田。一名优秀的领导者，是绝对不会吝啬对下属的赞扬和鼓励的，因为这是领导管理下属屡试不爽的法宝。在赞扬声中让下属感受到激励，而激励是一切协助达到满足个人需要的欲望或动力，其中包括过程、物质和态度。而激励下属，就是领导者通过一些方法，协助下属达到公司及个人的预期目标。

虽然赞扬下属是一件好事，但绝不是一件容易的事情。作为一个领导者，你在赞扬下属时如不能审时度势，不掌握一定的赞扬技巧，即使你是真诚的，也会使好事变成坏事。赞扬下属并不是随便说几句好听的话，就能达到效果的，领导者要想恰到好处地去赞扬下属，应该把握一些基本的要求。

1.赞扬要实事求是

领导对下属的赞扬需要实事求是，这里的“事实”就是下属所取得的工作成绩，也可以是他们为完成任务、克服困难而付出的努力与心血。总而言之，下属需要的是言之有物、形象具体的表扬，这样才能使下属信服，感到领导时刻都在关注自己，进而产生一种“士为知己者死”的精神动力。

在现实工作中，不少领导者在对下属进行表扬的时候，常常给人一种空泛而不着边际的感觉，比如，“某某的工作做得很好，值得大家学习”，至于好在什么地方，无从得知，只是感到调子很高，却没有实际内容，这样的赞扬很空洞，打动不

了下属。

2.发自内心真诚地赞扬

一般情况下，人们更喜欢真诚，讨厌虚假的东西。而且，只有真诚的东西，才会被人所接受，而赞扬也不例外，能让人喜欢的赞扬从来都是不缺乏真诚的。因此，领导者只有以真诚的态度去赞扬，才能唤起下属的亲切感和信任感，从而愉快地接受赞扬，并在相应的工作中更加积极地去表现自己。

所以，在赞扬下属的时候，领导对于他们所取得的成绩和优点，应该发自内心地感到高兴，满怀热情与真诚地表示赞扬。因为只有真诚、发自内心的赞扬，才能让下属受到感染，才能激起他们更大的工作热情和动力。

妙用激将法，唤醒下属的潜能

领导者与下属接触的机会非常多，有时候，你会发现某位优秀的员工，由于出色完成了任务而显得沾沾自喜，甚至有点飘飘然，时刻表现出傲慢的情绪。如果你任由他这样发展下去，就会对以后的工作不利。所以，你就应该适当地“激”他一下，对他说：“我觉得你的同事小王也挺出色的，上次你完成的工作任务也有他的一份功劳吧？你可得加紧努力工作，小心他马上就赶上你了……”这样，他就会感觉到来自身边的压力，会收敛自己骄傲的情绪，把精力都投入到工作中去。这就是领导妙用“激将法”，抓住员工的心理，适当泼一下冷水，打击一下他的情绪，这会让他迸发出更多的力量，触动其上进心，这其实也是一种激励。

三国时期的诸葛亮就十分善于运用激将法：在马超率兵来犯时，张飞请令出战，诸葛亮却故意说：“马超家世代簪缨，马超勇猛无比，在渭水把曹操杀得大败，看来只有调回关羽来才行。”这一下激恼了张飞，他立下军令状，出战马超，最终使马超投降。张飞本来是一员猛将，而自傲的情绪有可能会影响他能力的发挥，而诸葛亮的激将法起了重要的作用，使张飞在愤怒之下迸发出更大的力量，于是打败了马超，使之投降。

当然，领导在使用“激将法”的时候，还要视员工的态度和他的心理承受能力而定。如果员工的心理承受能力较差，你的激将法非但无法收到预期的效果，甚至有可能让他从此一蹶不振。那么，如何把握“激将法”的语言技巧呢？不妨注意下面几点：

1.面对不思进取的员工

每个人都有自尊心，有时候会因为某种原因使其自尊心受到压抑，出现自卑、气馁等现象。这个时候，你就应该直截了当地给他以贬低、羞辱，刺痛之，激怒之，“冷水”浇头，这能使他精神一振，让他的自尊心从压抑状态中解脱出来，从而

精神面貌焕然一新。

2.面对有自卑感的员工

有些员工其实很有才华，但是因为内心的自卑感，总担心自己会表现不好，这个时候，如果“一盆冷水把他从头浇到脚”，就会让他更加怀疑自己的能力，所以领导在使用激将法时不要太鲁莽，需要讲究技巧性。对待这种有自卑感的员工，需要采取“唱双簧”的方法，你可以找个人配合，一个唱黑脸，一个唱白脸，一搭一唱，会有很好的效果。

如果你要斥责一名年轻的员工，你唱的是黑脸，你应该对员工凶悍一点，严厉一些，然后由你的搭档——“白脸”上场，也就是你对员工训斥完后，就立即让助理找他，你的助理需要扮演一个“白脸”的角色并且告诉他：“其实领导是想用‘激将法’激励你，说实在的，他挺欣赏你的，一直希望你……”这样，员工就会感觉到你对他的期望，心里就会乐滋滋的，同时也感受到压力，所以就会更加自信地认真工作，这样效果自然就很好了。

这样的激将法中，需要“白脸”唱主角，所以你要特别注意唱“白脸”的搭档是否可靠，绝对不能让他夸大其词？信口开河甚至在背后说你的坏话，否则后果是难以想象的。你不妨适当地对你的下属使用“激将法”，这样你就会发现他们在工作中会表现得更好。

善用竞争法，激发下属超越自我的欲望

在日常工作中，无论做什么事情都需要潜在的竞争，只有竞争才能激发出内心自我超越的欲望，才能更好地把这件事情完成，甚至爆发出前所未有的潜力。虽然，在很多时候，人们总是习惯与他人比较，但是，他们更愿意与自己作比较，因为超越了自己才能让他们获得一种极大的满足感。作为领导者，你应该善于发现下属的这一心理特点，妙用“比较”，通过一些灵活的方法，激发出下属自我超越的欲望，让下属敢于知难而上，从而使工作效率得到大幅度提高。

每个人都是有好胜心的，尤其是在面对与他人“比较”的时候。人们骨子里，总是认为自己是优秀的，或者说在某些方面自己是强于他人的，这样的一种比较心理，激起了他们内心的好胜心，这往往能使他们知难而上。于是，当有人对他们妙用“比较”心理的时候，对于原本不可能完成的事情，或者异常艰巨的任务，他们都能够以自己的好胜心来完成。基于人们存在着这样的心理，领导在向下属部署工作任务的时候，需要妙用“比较”，激发出下属的潜在力量，让他们敢于知难而上。

当然，使用“比较”心理的前提条件是要摸准下属的心理，你必须知道他能爆发出多大的力量，适当增大其工作难度，这样，才有可能达到自己的目的，否则，下属肯定是无法完成工作的。

在很多时候，领导者为了激发出下属的好胜心，还可以制造出“比较”中的第三方，其实，这个第三方就是他自己，但领导在之前不要清楚地指出这就是他自己。比如，领导者可以说“这件事我想交给一个有能力的人去做”，但事实上，领导者并没明确指出这个有能力的人到底是谁。这时候，下属会猜想“难道我就不是一个有能力的人吗”，然后当领导将“有能力”这样的评价用到下属身上的时候，比较心理就产生了。下属会想到，原来自己并不是一无是处，自己也是一个有能力的人，相应地，面对难以完成的工作任务，他也肯定会知难而上。

物质激励，最有效的激励下属的方式

赞扬可以对下属起到激励作用，而激励的方式主要分为精神和物质。精神激励可以满足心理上的需要，而物质激励可以满足生理上的需要。一般来说，物质是人类赖以生存的基础和最基本的条件，人们每天所面对的衣食住行是他们最本质的需求，所以物质利益对人类具有永恒的意义，是人们永远的追求。职场中的物质包括以下几方面：

1.福利待遇

员工的工资福利待遇是物质激励中最主要的一种形式，同时也满足了他们的物质需求。对每一个员工来说，工资待遇并不只是物质需求，它在一定程度上也是一种精神需求，是员工地位的标志、自尊的依据和安全的保障，这一切都与他所取得的工资待遇紧密联系着。金钱是针对下属的物质欲望来说，而赞扬是针对于下属的精神欲望来说。

2.物质奖励

其实，企业有时候也并不需要把赤裸裸的金钱拿来作为激励员工积极投入到工作中的绝对诱饵。企业在更多的时候，只是间接地利用金钱来激励员工，比如，一些用金钱购买的礼物、物质性的奖励，这些都足以使员工感到莫大的荣幸，当这种情况出现在特别的日子的时候，会更令他感激涕零，他会把这种感激加倍地回报到对于工作的干劲上，聪明的领导大多数都善于使用这样的方法。

你可以在下属生日或逢年过节的时候，送一些温馨的小礼物。比如，当你的下属过生日的时候，你可以说一些祝贺而暗带赞扬的话："你多年来默默无闻、勤勤恳恳地工作，甘于奉献，却从不争荣誉、主动邀功，今天是你的生日，我代表全公司人员向你表示祝贺。"顺便还可以递上物质方面的礼物，让下属心怀感动。

在下属生病的时候，可以带着一些慰问品和慰问金亲自去医院探望。如果你的一个普通员工生病了，你就应该在这关键时刻去探望他："平时你在的时候感觉不出来你有多重要，现在你没有在岗位上，就感觉工作没有了头绪，慌了手脚，你一

定要安心把病养好，我们都盼着你早点回到我们身边。”这样真情的表露，无疑是一剂良药，给在病床上的他一丝安慰。

除了这些，还需要领导在平时对下属进行关心。如果你的下属家里出了事情，或者生活很拮据，你就应该适时表现出自己的关心，在自己能力范围之内，给予一些物质上的帮助。

3.奖金制度

现在大多数的公司或企业，都有自己的一套奖金制度，比如，大家比较熟悉的全勤奖、安全奖、年终奖。除此之外，很多公司和企业对那些表现特别突出的优秀员工也会给予一定的奖金作为奖励。

其实，这一系列的奖金制度都是为了更加有效地激励员工努力工作，由于它给所有员工的机会是均等的，所以看起来似乎更能为大多数人所接受。虽然它的最终也是为了企业公司的利益考虑，但是，这样的方法对于绝大多数员工来说，是最佳、也是最有效的激励方法。

4.高薪待遇

金钱对于每一个人来说，都有巨大的诱惑力。聪明的领导就会考虑给他的下属较高的工资，来表示自己对他的赞扬。通常我们都可以听到领导这样的话：“只要你好好干，我保证这个月会给你加薪。”像这样的话，对于每一个下属来说，都极具诱惑力，无法抗拒。这样的诱惑力可以促使他们更加努力地工作，更加卖力地为企业倾其所有。一般来说，你只要满

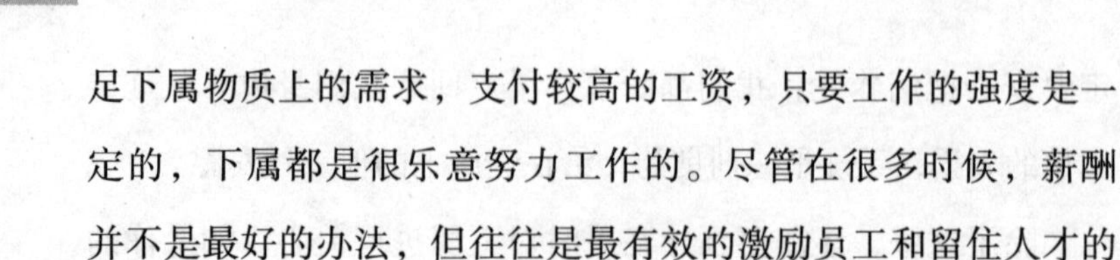

足下属物质上的需求，支付较高的工资，只要工作的强度是一定的，下属都是很乐意努力工作的。尽管在很多时候，薪酬并不是最好的办法，但往往是最有效的激励员工和留住人才的工具。

第 06 章

批评艺术，忠言逆耳令其心服

在管理者的工作中，批评是一种必须的强化手段，更是一种艺术。由于中国人比较含蓄，对管理者来说就需要讲究批评的艺术。批评得好，领导可以敦促下属改正问题；但批评得不好，往往会引起下属的反感。

委婉指出下属的错误

每个人都有自尊心，即使是犯了错误的人也是如此。如果下属真的在某些方面犯了错误，领导在批评的时候，要考虑到对方的自尊心，切不可随便加以伤害。因此，批评他人的时候，一定要保持心平气和，如春风化雨；而不是大发雷霆，横眉怒目，以为这样才能显示你的威风。实际上，你这样的批评方式，最容易伤害对方的自尊心，甚至会导致矛盾激化。因此，在批评对方的时候，要戒言辞尖刻、恶语伤人。当你怒火正盛的时候，最好先别批评下属，等自己心情平静下来之后再去批评人。切忌讽刺、挖苦、恶语伤人，虽然对方有过错，但是在人格上与你完全相等，所以不能随便贬低对方甚至污辱对方。

在日常工作中，领导批评下级是为了根除工作中的错误，使下级走上正确的道路，因此，要想批评达到很好的效果，就必须讲究批评的技巧性，而避免消极、简单、直接的倾向。批评是一门艺术，批评是为了鞭策和激励他人更好地完成工作，实现团队共同的目标。批评是一种反向的激励，如果运用

不好，就很容易刺激他人，特别是下属的自尊心和荣誉感，这样不但收不到激励的效果，还会走向激励的反面，使被批评者情绪消极、表现被动，甚至会作出偏激和抵抗的反应。所以，领导在批评的时候，切忌直接指出下属的错误，否则会伤害下属的自尊心，而是需要委婉地指出错误，在言语上需要含蓄婉转，切忌尖酸刻薄，否则，会引起不良的后果。

在日常工作中，许多领导在对下属真诚的赞美之后，喜欢拐弯抹角地加上“但是”两个字，然后就开始一连串的批评。比如，他们常会说：“小王，这次干得不错，但是，其中还是出现了许多问题，希望你能多多提高你的业务水平。”本来备受鼓舞的小王在听到“但是”两个字以后，就开始怀疑之前领导对自己的肯定了。赞美通常是引向批评的前奏，因此，在委婉指出别人错误的时候，切忌在赞美后加“但是”两个字，否则，会使你的间接批评大打折扣。

王太太为整修房屋而请来了几位建筑工人。起初几天，她发现，这些建筑工人每次收工后都把院子弄得又脏又乱。可他们的手艺让人无法挑剔，王太太不想训斥他们，便想了一个好办法，一天，建筑工人收工回家后，她便偷偷地和孩子们一起把院子收拾整齐，并将碎木屑扫好，堆到院子的角落里。到第二天工人们来干活时，她把工头叫到一边大声说：“我真的对你们在收工前将我的院子扫得这么干净而高兴，我很满意你们的举动。”之后，每到收工时，工人们都会自觉地把木屑扫到

角落里，并且让工头做最后的检查。

如果王太太直接指出工人的错误，肯定会使工人们大为恼火，而这种情绪会影响其工作效果，也会破坏他们与王太太之间的友好关系。所以，聪明的王太太并没有直接指出错误，而是委婉地表示出自己的想法，聪明的工人们一下子就明白了王太太的意思，也认识到了自己的错误。因而，每次完工之后，工人们都会自觉地把木屑扫到角落里，并且让工头做最后的检查。

那么，领导对下属在进行委婉批评的时候，需要注意哪些问题呢？

1.就事论事

领导批评的时候，是在平等的基础上进行的，态度上的严厉并不等于语言的恶毒，只有那些无能的领导才去揭人伤疤。揭人伤疤的做法只会让人勾起一些不愉快的记忆，这样对问题的解决毫无帮助；而且当你在揭他人伤疤的时候，除了使被批评者心寒之外，旁观的人听了也会不舒服。

因为伤疤人人都有，只是存在大小的问题，旁观者见到同事的惨状，只要不是幸灾乐祸的人，都会有“下一个就轮到我”的感觉。而且，你乱揭他人伤疤，只会让他的颜面丧失殆尽，根本就没有达到你最初批评的目的。恰当的批评语言，是一个领导者心胸和修养的直接表现，因此决不能以审判者自居，恶语相向，不分轻重。

2.以朋友的口吻

作为领导，你应该用恰当的批评方法，而不是以审判者自

居，你可以站在与他同样的立场，用朋友的口吻去询问对方："发生了什么事？""我能为你做些什么？"或者："为什么会这样？怎么回事？"这样的方式，可以帮助你了解情况，以便更好地解决问题。

当然，你也可以直接告诉他你的要求，但是千万不要说："你这样做根本不对！""这样做绝对不行。"你可以试着说："我希望你能……""我认为你会做得更好。""这样做好像没有真正地发挥你的水平。"用提醒的口吻与他说更好，私下再与他交换意见，委婉地表达自己的想法，跟他讲道理、分析利弊，他就会心悦诚服地接受你的批评和帮助。

批评必须有事实根据

在批评下属的时候，领导讲话一定要有理有据，不能光靠自己的耳朵听到了，就以为是真的，心里承认还不要紧，还要摆出来说，那就显得很没有分寸了。领导讲话代表着一定的权力和威信，很多时候，你只凭自己的主观臆断就开始捕风捉影地说开了，这样只会使下面的人深信不疑。当事情的真相出来后，结果跟你认为的差之万里，到时候你就会为自己的错误判断付出代价，你作为领导的可信赖度会严重降低，还会间接地损害你的形象。对于自己还不是很清楚的事情，千万不要捕风捉影，妄加推测，一定要讲究事实依据才能批评下属。在没有任何科学根据时就开始大发言论，只会让自己陷入窘境。

作为领导，你应该谨言慎行，尤其是在批评下属的时候，说话需要有根据，在没有调查的情况下是不可以随意批评下属的。一个人在生气的时候，很容易说出一些难听的话语，而这些话就犹如泼出去的水，无法收回。领导讲话不能只顾一时痛快、信口开河，有一点点风吹草动就认定是下属犯了错误，急忙展开批评，等到事情结束了，才发现原来自己误会了下属，到时候，领导的脸面可就没处放了，而且破坏了原本与下属的和谐关系。一个领导的言行里彰显着一定的领导魅力，一定要谨言慎行，在自己没有判断清楚的时候，那些捕风捉影的话千万不要乱说。批评的前提一定是事实清楚，有理有据，而不是捕风捉影。有时候，在日常工作中，我们常常会见到有些领导，事先不调查，不了解，只是凭一些道听途说，或者只凭自己的主观猜测，就开始批评下属，结果往往造成自己说话没有可信度，还有可能给话题中涉及的某人带来一些意外的伤害。

小丽是部门里出了名的能干，在领导王科长看来，她根本不像一个女孩子，做什么事情都风风火火，浑身上下一股男孩子气。最近，小丽因为工作需要，与公司另外一个部门的领导走得很近。由于小丽平时表现很优秀，办公室里的同事对此都很妒忌，于是，源于嫉妒之心的风言风语开始流窜开来。

这天，王科长无意间听到了办公室里的风言风语，吓了

一大跳，心想：坏了，这小丫头可给我惹麻烦了，我得好好说说她。于是，回到了办公室，王科长还没坐下，就给小丽打了个电话，小丽急匆匆地跑来："王科长，什么事？"王科长有点生气："小丽，你平时表现很优秀的，上面的领导都很重视你，可是你太让我失望了！"小丽感到一阵莫名其妙："我怎么了？"王科长放低了声音："你作为科室人员，还是需要注意自己的形象，不要与别的部门里的人暧昧不清，人家都是有家室的人了，我想你应该比我更清楚这件事的严重性。"小丽听了，恍然大悟，开始为自己抱不平："我以为什么事情呢，原来是这件事，王科长，别人这样说，我不感到奇怪，可你也这么认为，就有点意外了，我跟那位领导真的是工作伙伴，我们之间能有什么？"说着说着，小丽的脾气也上来了："这么着急地把我叫来，王科长你的话也太捕风捉影了吧，自己都没仔细调查，怎么就这样说我？"说完，小丽气冲冲地离开了办公室。王科长想了一会儿，也觉得自己的行为欠妥。

在案例里，王科长作为领导，仅凭着办公室里的风言风语就对下属小丽进行了批评，如此的批评是没有任何根据的，也难怪小丽会觉得不服气。俗话说："没有调查，就没有发言权。"王科长并没有去了解事情的真相，而只看到了事情的表面，甚至仅是道听途说，就发表了自己的意见，所造成的结果是：批评了不该批评的下属。对于领导来说，表扬和批评都是管理的手段之一，运用得好会使我们的管理工作事半功倍，但用得不好就会出现尴尬的局面。因此，领导在批评的时候需要慎重，要在原原本本地了解了整个事情的基础上，经过深思熟虑，然后再进行客观的评价。

如果下属在某些地方犯了错误，领导批评的方法和态度都很重要，但最基本的还是事实准确与否，有无出入，该不该这位下属负责。有的领导事先调查不够，事实真相与得到的情况有所差异，如此一来，被批评的下属就会感觉到很难受；还有的领导，仅仅凭着有人打的“小报告”，就以此为据，大加批评，那就更难以服人了。所以，领导在批评下属的时候，要弄清楚事实，说话有所根据，责任要分清，如此，下属才会信服。

那么，在实际工作中，领导该如何做到批评有根据呢？

1.批评要坚持唯实的原则

针对下属所犯下的错误，领导应从实际出发，弄清事情的本来面目，找出问题的原因，合理地分清责任，这样的批评才有理有据，既不夸大，又不失察，下属自然会心服口服了。在日常工作中，上级批评下属，或否定下属，必须以事实为依据，不能随心所欲，更不能以感性代替原则。

2.勿以势压人

领导批评下属的时候，要在平等的气氛中进行，这样才容易被人所接受。如果领导摆出一副居高临下、盛气凌人的姿态，下属不服就用自己的气势压服，动不动就说：“是我说了算，还是你说了算？”或者是给对方下最后通牒：“你必须按

我说的去做，否则你自己走人。”那么，就很容易激起对方的逆反情绪，对方可能也会想，我为什么一定要听你的？或者有的不服气的反过来说：“悉听尊便，你请吧，我才不怕呢！”这样的批评方式根本解决不了问题，结果反倒是逼而不从，压而不服，激起他的反抗情绪。

3.勿“鸡蛋里面挑骨头”

下属犯了错误，适当的批评是很有必要的，但是不要随便一件事情都要批评。对于那些鸡毛蒜皮的小问题、小毛病，只要是对大局没有造成大的影响的，领导应当采取宽容的态度，切不可斤斤计较、过于挑剔。否则，只会使下级开始谨小慎微，让他无所适从，甚至在他的心里还会产生“不求有功，但求无过”的想法，对于今后的工作也会产生消极的影响的。领导对于有的事情，只要指出对方的过错就行了，不要“鸡蛋里面挑骨头”，全盘否定他的成绩。

敢于自我批评，正己才能正人

美国田纳西银行前总经理L·特里曾说：“承认错误是一个人最大的力量源泉，因为正视错误的人将得到错误以外的东西。”下属犯错时，他固然有责任，但同时，处于指挥和监督岗位的领导也有不可推卸的间接责任。下属犯错误的时候，如果领导像没事一样，盛气凌人，只把下属批评一顿，却不肯承担自己的责任，好像自己永远是正确的，那么，下属就会有自己在领导心目中一无是处的委屈之感，虽然，他们表面上并没反驳什么，心里却是耿耿于怀，成为了领导工作的对立面。所以，在批评下属的时候，领导者应先自责，进而再指出下属的错误，使下属有与领导共同承担责任之感，使其产生愧疚之心。那么，在以后的工作中，下属定会尽心尽力，付出自己的所有。

古语说："正己才能正人。"对于领导者来说，在下属犯错的时候，先需要作好自我批评，再批评下属才能奏效。许多领导认为，下属犯了错，自己完全可以脱得了干系，于是乎，他们只顾着批评下属，而浑然忘记了自己也是下属的上司。在营救驻伊朗的美国大使馆人质的作战计划失败后，美国总统吉米·卡特在电视里郑重申明："一切责任在我。"当时，仅仅因为这句简单的话，卡特总统的支持率上升了10%。或许，这其中的原因谁都能明白，一个敢于自我批评的人无疑是值得尊敬的。而且，从说服力上面来说，即使下属所犯的错误真的不是自己所为，领导者作为上司，依旧有着不可推卸的责任，因此，在这时候，需要拿出领导者应有的风度与涵养，先自我批评，再批评下属，这样一来，你的话语会更有说服力，与此同时，下属也会意识到自己的错误。

俗话说："金无足赤，人无完人。"谁都难免会犯一些小错误，作为上司，你应该宽容下属所犯的错误，当然，这样的

宽容并不是毫无原则地纵容，而是在心理上与下属站在一起，告诉下属“这件事情，我也有责任”，从心理上缓解下属的恐惧情绪。让下属感觉到，自己并不是一个人在承担责任，领导也站在自己这一边，这样想来，下属更容易看清自己的错误。同时，领导率先作自我批评的时候，其实是在下属面前树立了一个敢于承担责任的榜样。

1.批评与自我批评

毛泽东同志在《关于整顿三风》的报告中，强调了要进行批评与自我批评：“批评是批评别人，自我批评是批评自己，批评和自我批评是一个整体，缺一不可，但作为领导者，对自己的批评应是主要的。”在日常工作中，许多领导经常指着下属的鼻子抱怨，似乎所有的错事都是下属一手造成的，而功劳则是自己的。其实，对于领导者来说，批评与自我批评是一体的，尤其是自我批评，这是大多数领导所欠缺的素质。

2.错误到底是怎样形成的

在管理学上经常会提到“二八管理法则”，意思是，企业所产生的偏离预定目标的错误，有80%是因为决策或者领导方法不对所造成的，而剩下的20%才可能是这些策略在执行过程中出现的偏差。因此，作为领导者，你应该仔细想想，是不是所有的错误都出在员工身上。如果真的是在执行的过程中出现了错误，导致了严重的错误，作为领导者，你是否应该检讨一下？所以，一个领导者，在准备批评下属的时候，应先自我批评。

3.客观、公正地看待问题

在现实工作中，一些领导在自己出了错误的时候，不进行自我检讨，不进行自我批评，反而拿下属开刀，说得下属一无是处，如此的领导，既不客观，也不公正。领导者要明白，批评自我，不但不会抹黑自己的形象，反而会展示给大家一个更客观公正、光明磊落的形象。当然，自我批评是需要勇气的，不过，你在进行自我批评的时候，你已经战胜了自我，你就是一位卓越的领导者。

用激励代替批评，令下属倍加感激

史金纳教授提出了自己教学的基本观点“用激励代替批评”，他是伟大的心理学家，他用动物和人的实验来证明：当减少批评，多多激励对方的时候，他所做的好事就会增加，而那些比较不好的事情就会因为受忽视而逐渐萎缩。激励富有一种强大的力量，它可以让人重新改变自我，发愤图强，把自己所有的精力都投入到工作的热情之中。所以，领导在面对下级出现的一些小问题、小错误的时候，批评下属要尽显善意，少一些批评，多一些激励，这样才能够让他全身心地投入到工作中，而那些他身上的小问题、小缺点就会因为你的忽视而逐渐消失不见。

对于每一个领导来说，批评是一种必要的强化手段，批

评与表扬是相辅相成的。批评也要讲艺术性，批评本身是一种指责，如果运用不当，下属就只会记住你的批评而不是自己的错误。作为一个领导，你应该尽量减少批评带来的副作用，尽可能地减少下级对批评的抵触情绪，来达到比较理想的批评效果。但在某些领导看来，批评就是全盘否定，只看到别人的缺点，忽视其优点。其实，从“批评”所达到的目的来说，我们可以把“批评”当作是“提醒”“激励”，而不是去否定一个人。尤其是对于领导来说，自己对下属的批评要尽显善意，在坚持原则性的基础上教育几句就行了，千万不要言辞刻薄，恶语相向，如此，下属才能接受你的批评，而且，在接受的同时，他们会对你充满莫大的感激。

在工作中，领导应适当表露自己的善意，对下级少一分指责，多一些嘉许，不仅能让事情做起来得心应手，也会给予对方愉悦的心情，又何乐而不为呢？领导不应该怀着自己的私心或自己对某些事物不感兴趣，就对他人的行为采取贬低或者批评的态度。少一些批评，多一些激励，也许就是你那一句微不足道的激励，给了那些需要动力的人以无穷的力量，给那些身处逆境的下属奋勇向前的信心。

李先生是一位成功人士，他在回忆自己的成长经历时充满深情地提到了以前的一位老师，很有感慨地说如果没有老师当年讲的话，可能就没有自己的今天。

李先生说，自己从小调皮捣蛋，无心学习，整天打架，总

之是劣习成性，没有哪个老师能把他驯服。后来有位年轻的女老师当了他的班主任，在一次他把邻班同学的头打破以后，老师叫他到办公室，温和地对他说："我一直认为你是个聪明的学生，你看你这次考试又有进步了，老师希望你能够继续努力学习，把自己的聪明劲用到学习上来……"

他说老师的话对年少的他触动很大，他没想到老师会真诚地夸奖他，认为他很聪明。于是，他决心改掉所有的劣习，好好学习，最后，他终于成功了。

一样的批评，女老师的话说得却更动听，更能打动人心。如果没有那位女老师激励的话语，也许李先生就不会拥有现在如此成功的人生。批评本身是具有伤害性的，而卓越的领导，则会把批评的伤害性降到最低限度，这样一来，下属即使在遭受领导的批评之后，也只会对其充满感激，而非抱怨。

很多年以前，一个十岁的小男孩在一个工厂里做工。他从小就喜欢唱歌，并且梦想着成为一个世界闻名的歌星。当他遇到他的第一位老师的时候，他满怀自豪地把自己的梦想告诉老师。可是老师非但没有给他鼓励，反而使他泄气，老师表示怀疑地说："你根本不适合唱歌，你五音不全，简直就像是风在吹百叶窗一样。"

他很伤心地回到家里，他的母亲——一位穷苦的农妇却不以为然，她亲切地搂着自己的孩子，激励他说："孩子，你能唱歌，你一定能把歌唱好。瞧你现在已经有了很大的进步

了。”于是，母亲在生活中节省下每一分钱，送她的儿子上音乐课。正是这位母亲的嘉许，给了孩子无穷的力量，也从此改变了他的一生。他的名字就叫恩瑞哥·卡罗素，他成为了那个时代最伟大、最著名的歌剧演唱家。

母亲的激励与老师的批评形成了鲜明的对比，显然，母亲的“批评”是善意的；而老师的批评虽然说不上恶意，却刺伤了小男孩幼小的自尊心。不难想见，如果这位小男孩没有得到来自母亲的激励与赞许，只是沉浸在那位老师无情打击的痛苦中，那么，这个世界上也许就失去了一位著名的歌剧家。

1.以激励代替批评

世界上拥有巨大成就的伟人，他们或多或少都是因为身边的人一句激励的话语，所以才会取得举世瞩目的成绩。没有爱迪生母亲对儿子孵鸡蛋的肯定与赞许，也许爱迪生就没有后来的辉煌成就；英国作家韦斯特若没有得到老校长的激励，可能就没有今日无数本畅销书，英国文学史上就缺少了不朽的一页。在生活中，给对方多一些激励的话语，少一些批评的话语，这样才能激发他内在的潜能，令其更好地为工作效力。

2.启发式批评

批评的目的就在于使下属能够认识到自己所犯的错误，并且能够及时改正。而要想使下属从根本、从内心认识到自己的错误，就需要你从深处挖掘错误的原因。“晓之以理，动之以情”，你要用一些理解的话语慢慢启发他，循循善诱，帮助下

属认识并且改正错误。

3.警告式批评

如果你的下级所犯的错误并不是原则性的错误，或者没有在犯错误的现场，作为领导，你就没有必要“真枪实弹”地对他进行严厉地批评。你可以用比较温和的话语，只是巧妙地点明问题所在；或者用某些事物进行对比、影射，只要点到为止，对他起一个警告的作用就可以了。

掌握最佳批评技巧

卡耐基这样说：“当我们听到别人对我们的某些长处表示赞赏之后，再听到他的批评，心里往往会好受得多。”在面对下属工作中出现的失误或者问题时，领导者应该进行适当地批评和否定其一些不当的言行，使下属所存在的问题或不足之处不致继续发展下去，甚至出现更大的错误而最终影响整个工作的开展和进行。虽然古人曾说：“人非圣贤，孰能无过？”但是，如果你的下属犯了错误，而你不加以批评，任其发展，他就只会在错误的路上越走越远，这样无论对他的工作还是人生都有着一定的阻碍作用。因此，领导作为统帅人物，适当地批评和否定下属，是很有必要的。当然，好的批评就是一种激励，最佳的批评方式是需要讲究技巧的，领导者不仅需要纠正

下属的错误，而且更需要使下属能够不断地进步。这就需要领导者掌握最佳的批评方法，即运用“三明治”的批评艺术。

在上下级的交谈中，有可能是表扬，也有可能是批评。而批评的作用是限制、制止和纠正下级的某些不正确的行为。在现实生活中，有的领导不愿意甚至不敢对他人提出批评，就算是下级工作做得不好，他宁可找其他人去做，也不愿意指出他的不足之处；有的下级犯了错，他也干脆睁一只眼闭一只眼，装作没有看见。其实，这样怕因批评而得罪人是一种不明智的想法，那些得罪人的批评不在于批评本身，而在于批评的原则和方法运用得不恰当。因此，领导需要掌握一些批评技巧。

从心理学角度来说，有绝大多数人在听到批评的时候，都不会像听到赞美那样舒服。每个人在本能上，对来自别人的批评就有一种抵触心理，并且喜欢为自己的行为进行辩解，尤其是当他在工作中已经付出了很多努力、却因为一点错误就遭到批评的时候，他就会对上级的批评更加敏感。很多人在他们自己的认知上，他们明白自己是不可能不犯错误的，而在行为上却试图为自己的每一次过错进行辩解，这就显得他们的认知不协调。

而“三明治”式的批评方式很符合人们的心理适应能力。人们渴望别人的赞赏，因此，赞美在人们的心里往往会留下比较深刻的印象，而两头的赞美起到的恰恰是这样的作用。当你在诚恳而客观地对他赞扬之后，再进行批评，他就会觉得你的批评在赞美的包裹下显得不那么刺耳，所以心里更容易接受这样的批评。

“三明治效应”完全符合了人们的心理，如此的批评方式也更容易被下属所接受。那么，“三明治效应”到底哪里比较出色呢?

1.最佳的批评方式

高明的领导者都会在批评下属的时候，采用“三明治”批评的批评方式，“三明治”批评方式也被称为最佳的批评方式。享有这样荣誉的“三明治”批评方式，自然有它的高明之处。这样一种批评方式，能够有效地避免批评本身带来的负面影响，而把一种本身带着负面的批评成功地转化为正面积极的激励方式。这对于被批评者来说，既不会受伤，又能在甜美的赞扬声中解决问题，无疑是最容易接受的批评方式。

2.维护了下属的自尊心

很多领导者在批评下属的时候，丝毫不考虑对方的自尊心，当面就对下属大声责骂起来，其实这样的方式很容易伤害下属的自尊心，激起对方心里的逆反情绪。实际上，每个人都渴望别人的赞美，因为赞美能够在他们心里留下深刻的印象，并且使他们的心情保持一种愉悦的状态。而“三明治”式的批评方式，能够使前后的赞美起到这样的作用。当你在诚恳而客观地对他赞扬之后，再进行批评，他就会觉得你的批评在赞美的包裹下显得不那么刺耳，所以心里更容易接受这样的批评，同时，也较好地维护了下属的自尊心。

第 07 章

协调能力，随机应变化解矛盾

作为管理者，领导应该有一定的协调能力，添对既有资源进行分配，同时控制、激励和协调群体活动过程，使之互相融合，从而实现组织目标的能力。当团队里出现冲突的时候，领导应该随机应变化解矛盾。

善于协调矛盾，充当“和事佬”角色

在一个单位或部门，经常会出现这样的情况，下属们存在着利益之争，同级之间也会在观点上不一致。有时甚至因为一点点小事情，双方就会剑拔弩张、面红耳赤，闹到十分紧张的地步。这个时候就需要领导出面进行协调，做一个“和事佬”了。

领导在其工作的时间中，可能需要花上五分之一的时间来处理那些下属之间存在的冲突和纠纷。人与人之间必然存在着各种各样的冲突和矛盾，这是不可回避的，所以领导应该适当地处理，使大家形成一种愉快的氛围，这样对工作的开展也非常有帮助。这就需要领导掌握一些协调纠纷和处理冲突的技巧，并且灵活地加以运用，以来协调下属们在认识上的分歧和利益上的矛盾。

实际上，处理纠纷、冲突和分歧这样的协调方式也是要讲究艺术性的，如果处理不当，就会激化双方的矛盾，并且使领导者这个协调人处于一个难堪的境地。领导在协调矛盾或冲突的时候，应该注意三个重要的问题：一是领导者应该具备判断

和理解冲突产生原因的能力；二是领导者应该拥有控制对待冲突的情绪和态度的能力；三是领导者需要选择合适的方法来处理冲突。你可以借鉴一下下面六种方法。

1.退一步海阔天空

若矛盾的双方已经陷入了僵局，找不到任何的平衡点，那么站在领导者的位置，你可以迫使僵持的双方各自退让一步，使矛盾的双方达成一个协议，这个方法在调停纠纷、解决冲突中经常用到。但是，领导在使用这个方法的时候，最关键的一点就是需要找准双方的平衡点，这可以使矛盾的双方达成一个共同的协议。领导在协调双方矛盾的时候，不要偏袒一方或者是压制另一方，而是应该使双方能够“化干戈为玉帛”，共同团结起来，一起行动，这样才会更好地解决彼此之间的冲突和矛盾，使双方都能有一个愉快的心情。

2.迂回的方法

有时候，面对一些没有涉及原则性问题的冲突或纠纷，领导可以采取比较含糊的处理方法，你可以采取一些必要的合作、折中或退让、妥协等方式。你可以找出双方共同存在的一些利害关系，以领导的口吻鼓励他们把这样一种共同的利害关系统一起来，最终使彼此双方的要求都能够得到满足；你也可以在矛盾的双方之间找一个折中的办法，让他们各自得到一部分的满足；有时候，你也可以促使一方放弃自己的利益，使另一方得到满足；你还可以暗示或故意放任不管，鼓励冲突的双方自己寻找方法去解决分歧。

有时候也会遇到这样的情况，双方冲突的引起都是由于彼此的个人利益，完全违背了整体利益，那领导在解决纠纷的时候，可以完全不去分辨谁是谁非，“各打五十大板”。这样的方法才能协调他们的矛盾。对于那些因为私人利益没有得到满足而大肆喧闹的人，你可以先为大局考虑，对他们所提出的要求作出一些不损害大原则的妥协，以缓和矛盾。

3.发泄的方法

当下属双方产生冲突的时候，应该让他们各自双方找个机会泄愤释怒，不要让心头的愤怒郁积起来。等他们双方都已经平息下来，彼此的气氛就不会那么紧张了，再把矛盾拿出来说，就可以心平气和把冲突解决了。

4.互相帮助

在很多公司或者企业，各部门之间也存在着若有若无的冲突，有的部门甚至持着“各人自扫门前雪，休管他人瓦上霜”的狭隘想法，部门之间也总是“鸡犬相闻，老死不相往来”。其实，这些都是不恰当的做法。领导之间不仅要强调自己的工作和地位，更要肯定和赞赏其他部门的工作和地位，只有这样互相帮助才能把整个团队的工作做好。

一般情况下，成功地完成团队工作任务的前提就是来自于领导之间的互相协作。很多时候，一个有力量的团队组织，一定是一个各部门都很团结、互相支持的团队组织。所以，领导

在实际工作中，当其他部门工作遇到困难和阻力的时候，你应该主动去排忧解难，在人力或财力方面给予他们帮助；当其他部门的工作取得了成绩或者是出了问题时，你可以热情地鼓励或诚恳地提出意见；当其他部门之间发生了矛盾时，不要隔岸观火、置之不理，而是主动出面协调，帮助双方消除误会、解决问题。

5.合理竞争

公司的部门之间存在着竞争的关系，这是无可避免的。因为每个部门都在组织系统中处于不同的地位并具有不同的功能，也都有各自的目标和利益。这时候，就需要合理的竞争，不仅要反对封锁消息、互相拆台、制造矛盾，而且不能满足于现状、不思进取得过且过，特别反对的是那种不择手段、尔虞我诈的倾轧和竞争。

当部门之间出现矛盾冲突的时候，要采取一种协商的方法来解决。双方可以把矛盾的问题摆出来讲，开诚布公，说出各自的观点，阐述各自的意见，把原本存在的矛盾明朗化，共同寻找解决的方法。也可以请求上级领导给予调解，那样能增加信任度，并且更具权威性。

6.让时间来解决

有些冲突在刚发生的时候，当时并不能及时完全解决问题，因为解决矛盾的时机还不够成熟。这种情况下就需要维持现状，等待时机成熟再着手解决。或许经过一段时间的流逝，

矛盾的双方就会逐渐放弃以前的成见，适应新观念和新事实。

有时候，把一些观点强加于别人的身上，常常会使矛盾激化，双方隔阂更深，这样就会损伤人们的感情，进而产生不良的后果。而时间会让他们慢慢接受新的观点，这对于一些冲突和矛盾也给了足够的时间缓和，最后就会使冲突的解决比较自然和顺畅。

让团队有一种家的氛围

聪明的领导会时刻让员工感觉企业就是一个大家庭，而员工本人就是大家庭中的一员，当员工有这样想法的时候，他就会竭尽所能地去为企业付出所有；而且无论企业处于怎样的境地，他都不会弃之不顾，试想，谁会放弃温馨的家庭呢？那么，如何让员工有家的感觉呢？那就需要领导不断营造“大家庭”的管理理念，并且适当给予一些人文关怀，这样才能够使企业朝成功的方向加速前进。

营造大家庭的理念，主要就是要让企业文化有那么一种家的氛围。一般来说，家的氛围是什么，那就是和谐、温馨，充满爱的一个团队。那么如何使公司的文化氛围充满着一种爱、和谐、温馨？其实，这本身就是一项艰难的工程。或许有的领导只是片面地理解为“请员工吃吃饭，与员工拉拉关系”。其

实营造一种大家庭的气氛更需要的是领导与员工之间的关系要建立在自然诚信的基础上，然后经过很长时间的历练，并且共同经过一些充满艰难险阻的跋涉，共同面对高压竞争环境、外界势力，从而形成的共同的美好愿望。

还需要公司内部采取一些有效的措施，比如，简明有效的构架、规范的流程制度、温馨的企业文化氛围，然后再通过员工互相学习、沟通，比较公正的考核，适时的激励措施等。这样的企业才更像个大家庭，它具有强大的感召力和凝聚力，而在它下面的领导和员工都乐意为了集体利益牺牲个人利益，每一个员工都因为自己是“家庭”的一员而感到无比自豪。在“大家庭”的理念下，企业才会具有更旺盛的生命力和爆发力。

营造“大家庭”的理念，对于每一个企业来说，都是一种双赢的措施。它可以让员工得到真诚、公正的待遇，也可以激发员工工作的积极性来，从而使公司得到更好的效益。领导要在自己的企业文化、管理阶层、决策阶层等各方面，都融入一种家庭的理念，为员工营造一个温馨的工作氛围，这同时也为企业构造了美好的蓝图。

与员工形成和谐的双向沟通

领导在处理某些问题或事情的时候，难免会因为和下属的意见不合而出现难以沟通的情况。领导与员工的沟通是最难，也是最重要的，我们都知道沟通是双向的，有效沟通不但是一门艺术，更是社会生存的技能。沟通时透过人的眼睛和耳朵，让在沟通的两个人相互了解。领导与员工沟通的时候，不要只是坚持自己单方面的想法，而应该进行双向沟通，这样才会化解彼此的矛盾，达到意见一致的效果。有经验的领导者，能够在沟通的过程中掌握住问题的关键，应用聆听、区分、提问、回应等能力进行谈话的把控而最终达成双向沟通的简洁、有效。

1.适当提问

针对他所说的事情，你可以提出一些具有建设性意见的问题。如果他是对你在处理某件事情上有意见，你可以换个角度问：“如果你站在我这个角度，你怎么来处理这件事情呢？”如果他是向你提出一些可行性的意见，你可以表示自己可以考虑一下；如果他觉得对自己的工作充满了厌恶之感，你可以对他进行适当的安慰、鼓励。

2.善于聆听

卡耐基说：“倾听是我们对任何人的一种至高的恭维。”在一项关于友情的调查中，调查的结果让调查者感到十分意外。调查结果显示，拥有最多朋友的是那些善于倾听的人，而不是能言善辩、引人注目的演说者。其实，在生活中我们每个人都渴望表达自己，聪明的聆听者能够让对方有充分的表达机

会，自然就更容易获得别人的好感。

所以，作为一个领导者，你首先应该有耐心聆听下属员工的意见，“知己知彼，方能百战不殆”，只有在充分了解下属真正的想法之后，你才能对症下药。聆听他的牢骚、抱怨，就算是他说到了不合理的地方，也不要突然打断，你应该在对他有一个全面、直观的看法之后，再总结出你的想法。

3.进行协商

当遇到彼此意见不合的时候，需要双方进行友好的协商，领导不应该心存“打倒”对方的偏激想法，只求赢得个人主观的世界。如果下属与领导的观点有所不同，领导便简单地进行否定甚至贬损，时间长了，下属们就会保持沉默，领导也就成了孤家寡人，也就没有达到双向沟通的目的。你可以诚恳地说：“在这里我们有不同的意见，让我们一起想出让我们都满意的方法。”或是：“让我们一起想出对公司最有利的策略。”你在谈话中，强调的是“我们”，而不是“你”“我”的对立，这样诚意地邀请，就会使对方乐意一起来解决问题。

4.站在对方的立场上

当你通过与他交谈，向他提问后，你对你们之间存在的分歧已经有了很直观的看法。这时候，你一定要站在对方的立场上，设身处地地考虑对方的情感需要。不能因为自己急于求成，急功近利，就马上对他提出的不当想法进行反驳。你要抱着诚恳、真诚的心态去用真情打动对方，这样才能让他接受你的意见，或是对你的想法表示赞同。

5.意见反馈

当你们的交谈已经达成了一致的意见，使你们双方的要求都已经得到了满足后，你就要把决定的决策实施下去，并且实施结果的信息要及时反馈给下属。“上次你提的那个意见，还不错，下次继续努力”，或是“这次事情能够很好地解决，全靠你”。你把一些意见反馈给他，就会让他明白你原来是很重视他提出的意见的。那么下次他也会乐意把自己工作上的情况与你进行沟通。

领导在与员工的双向沟通中，领导占据主导位置，所以领导应该更好地运用双向沟通的艺术，使彼此沟通畅通无阻，这样才能够共同协作，把工作做好。

做好面谈，挽留辞职的优秀员工

在《三国演义》中，曹操一向是“求贤如渴”的人，尤其是对刘备结拜兄弟关羽的青睐。为了挽留关羽留在许昌，他不惜把金银、府邸赐予关云长，还把吕布的赤兔马也赏给了关羽，甚至答应了关羽的“约法三章”这样刁钻的要求。他的目的就是希望得到关云长这样的悍将，不过后来关羽还是投靠了刘备，但是曹操那份挽留关羽的急切心情，应该是和每一个领

导挽留优秀的员工是一样的。

在领导所有的工作中，有一项便是面对即将要辞职的员工。有时候，明明感觉他是不错的人才，可是突然有一天他递上自己的辞职申请，你才意识到这么优秀的人才就快要走了。其实，每一位领导都是“伯乐”，他自然希望自己手下的“千里马”越来越多。所以，面对一个即将离去的优秀员工，每一位领导都会使出自己浑身解数去挽留他。可是往往在这关键的时刻，很多领导不得要领，本来员工还对公司有几分留恋，结果一次谈话下来，却让员工更加义无反顾、头也不回地走了。

那么，作为一个领导，你该如何来挽留辞职的员工呢？

1.马上作出反应

领导在收到员工尤其是关键员工的辞职报告后，一定要立即作出反应。在这样关键的时刻，任何延误都将会使员工辞职的决心更强，而你挽回的可能性就更小。领导立即作出反应，这样做主要有两个目的：一是向辞职员工表明在你的心目中，你抛开日常工作关注此事，那就表明他比日常工作更为重要。二是在员工最后下定决心前，你还有很大的机会去改变员工的想法。如果你能快速作出反应，那么主动权就掌握在你的手中。

2.和员工谈心

这时候，领导应该立即约好辞职员工，找一个环境比较安静的地方进行交谈，交谈的主要目的是确定员工辞职的真正原因。一方面，领导应该仔细倾听，不管是非企业因素，如读书、异地搬迁、出国等，还是企业因素，如工作环境、待遇、人际关系、工作节奏、企业或个人的发展前景和机会等。另一方面，你要尽最大可能了解清楚到底是什么样的企业，为他提供了什么样的诱人条件，致使他提出辞职。这也是随后说服员工改变主意或制订挽留方案的关键——领导要了解员工辞职的真正原因。

3.封锁消息

当你收到员工的辞职申请时，你应该马上严密封锁员工辞职的消息，最好能够缩小在最有限的范围内。因为对每一位员工来说，自己已经提出了辞职，如果经过你的劝说，他考虑今后继续留在公司，那么公开化辞职就会成为一个障碍，而这个障碍会影响他改变主意的决心。如果其他员工不知有人辞职，一方面可以避免辞职员工今后面对公开反悔的尴尬处境，另一方面也可避免员工辞职给企业带来的负面影响。

而对企业来讲，在辞职消息公布之前，将更有回旋的余地。企业的最高管理层一定要明确在哪些层次的员工提出辞职后要在最短时间内通知他，不管身在何处或者是正在做什么，以便共同商讨并及时做出挽回方案。

4.制订挽留方案

在了解完所有的情况之后，你需要在企业政策和资源许可的范围内针对了解到的员工辞职的原因制订一个挽留方案。一个成功的挽留方案必须包括两方面的内容：一是要有针对地切实解决那些令其辞职的问题，管理者一定要找出并确定员工众

多辞职原因中的主导原因。只要找到主导原因并给予解决，其他次要原因就基本能迎刃而解。其次，如果是因为企业因素使他辞职，需要及时沟通，你要从第三者角度与员工一起分析现在所在企业和下一个企业各自的强项与弱项。

为达到挽留的目的，有针对性的挽留方案应在员工提出辞职后的一个小时内“出炉”。同时企业最高管理层应对公司总的留人方案进行检讨，并且立即修订公布。如需要或合适，你和公司的相关管理人员可以邀请辞职员工在下班后去外面餐厅用餐。如果该员工的亲人或者朋友也在本公司，那么应邀请其亲人、朋友一同参加，并向他做好必要的劝说工作。

5.说服员工拒绝挖墙角公司

最后领导还应该说服员工，让他及时给他的下一家企业打电话，回绝对方提供的工作，这样做对三方都有利。同时还需要员工坚定地表明，不希望再讨价还价或继续商量，他将继续留在本企业，他的决定是最终决定。一方面可以阻止那家公司再来劝说员工，另一方面可以防止那家公司企图再来挖走企业的其他员工。

6.帮助员工解决问题

如果你制订的挽留方案及时并确实纠正了令员工辞职的问题，那么，对于这位辞职的员工的挽留工作基本就能获得成功。即便员工辞职的主要原因不是企业本身造成的，很多情况下，这些企业因素依旧会被放大，特别是当员工找到新的工作，而新的企业又能提供或满足员工相应的要求和条件的时候。所以公司应该致力于消除长期问题的根源，慎重对待辞职员工提出的意见，并且马上着手解决，若他所担忧的问题解决了，那么他通常就会留下来的。

实施了以上这些措施之后，领导者要静下来仔细思考，如果员工是因为企业本身的问题而辞职，那么就应该思考该如何解决那些员工担忧的问题。只有做好防患于未然的工作，才是挽留员工的最好办法。

如何做好与离职员工的面谈工作

很多时候，在经过诸多挽留和努力之后，辞职的员工可能仍不肯改变主意。这时候，很多领导往往会同意他们的辞呈，而忽略了一个重要的环节，那就是“离职面谈”。一般来说离职的主要原因有三个：包括外部因素，诸如社会价值观、经济、法律、交通以及求才市场竞争者因素；组织内部因素，诸如薪资福利不佳、不满上司领导风格、缺乏升迁发展机会、工作负荷过重压力大、不受重视无法发挥才能等；还有个人因素，诸如家庭因素、人格特质、职业属性以及个人成就等因素。有了这样各种各样的原因，就会让员工有离职的想法，产生离职的事实。这时候，你就应该做好离职面谈，通过面谈，你可以发现企

业内部的诸多问题，还可以展现企业良好的形象。

一、不同性质的离职

离职面谈对于改善公司的管理环境和人力资源政策很有意义，但是主持好离职面谈绝非一件容易的事情。对于不同性质的离职，我们应采取不同的谈话方式。

1.追求自身发展的人

年轻人，特别是知识型的年轻技术人员，继续深造的比例占很大一部分，有些人选择考研或者考博，有些人选择出国深造。还有一部分是为了谋求个人发展而离职的，他们一直向往在大的公司或者外资企业工作，一旦条件成熟，他们就会义无反顾地跳槽。

对于这两类原因的离职，离职谈话就要相对简单一些。交谈的气氛可以轻松一些，也不需要刻意地去选择谈话的场合。谈话时要注意了解两个问题，首先是弄清楚他是否确实是因为继续深造或者是个人发展而离职的，或者那些原因只是一个借口。另外是让他们谈谈在公司工作时的感受，这时你往往可以了解到他们的一些真实想法，从而发现公司在管理中出现的一些问题。

2.由于企业因素

另外，还有一种就是因为在公司无法得到认同而提出离职的。对这种离职者进行离职面谈时就一定要注意场合和时间，从离职者那里了解到的情况也会更多些。员工提出离职时，一般会与他的上级进行一些沟通，离职面谈的时候，应该选择他们沟通之后的一段时间为宜。因为在离职员工和上级进行沟通时，可能会产生一些争议，所以最好等离职员工的心情比较平稳后再进行离职谈话。

二、如何做好离职面谈

如果你在与对离职员工进行了一番沟通之后，他还是下定决心离职，那么你就要做好离职面谈工作。总的来说，离职面谈工作主要分三个部分，准备工作、面谈时须掌握的原则、善后工作。下面我们就简单地一一介绍。

1.面谈之前的准备工作

面谈地点应选择轻松、明亮的空间，面谈时间以20分钟至40分钟之间较为恰当。另外，你应该妥善准备离职者的个人基本资料、离职申请书、以往考核纪录表，以正确掌握离职真正原因，这也可让离职者感受到面谈者对于当事人的重视程度而不是敷衍了事。

2.离职面谈应掌握的原则

也许作为领导者，你不止一次与下属进行面对面的交谈。但是，离职面谈并不同于一般的面谈。它需要掌握一定的原则，比如，让离职员工感到你的重视、真诚，这些很细微的地方都会让离职员工心里对企业留下最后仅有的印象。

（1）重视离职面谈，防止面谈形式化。离职面谈的目的是尽量与员工进行深入沟通，了解员工离职的真正原因。如果

是由于企业本身的原因而引起的，你就可以针对这些原因进行改进，防止流失更多员工。所以，领导者在进行离职面谈的时候，不应该只是把离职面谈看作一个形式，而应该有目的，有提纲，有针对性，在面谈进行之前，尽量作好充分的准备。

（2）安排足够的时间，可以使离职员工畅所欲言。在离职面谈的时候，尽可能地安排足够的时间，不能是自己下班之后的几分钟，急急忙忙，否则，离职员工虽然觉得你比较重视，但是不免怀疑你的真诚度。另外，在交谈中注意面谈技巧，不要只是按照事先列出的问题逐项发问，而是要积极地倾听，如果有不清楚的地方，要仔细询问。有时要适时保持沉默，让离职员工可以有时间思考。

（3）让离职员工感受到你的真诚。作为一个领导者，你要清楚离职面谈也是一次重要的谈话，不要因为员工离去就心里对他有种不屑态度，甚至有某种讨厌感。你在面谈的时候，要用语友善委婉，同时在面谈的过程当中，应该随时察言观色。面谈应以开放性的问题为主，让员工能够依照个人经验回答，避免问太笼统或不具引导性的问题。对公司来讲，员工离职可能是损失，其实同时也意味着机会，通过有价值的面谈，公司将有所受益。

3.面谈后

面谈结束之后，应该及时将面谈记录汇整，针对内容分析整理出离职的真正原因，并且提出改善建议以防范类似问题再度发生。这样才能防患于未然，才能为企业留住更多的优秀员工。

员工离职对组织会造成很多影响，一旦离职的事实发生，双方也都应以开阔的胸襟坦然面对，共同找出问题症结。即使领导与员工双方无法再继续共事下去，也不应有产生伤害对方的情形发生。由于离职者的心态多半是对公司产生不满，一旦离开后可能会有诋毁公司的情形发生，对于企业形象会有很大的影响，所以做好离职面谈可以预防很多不利于公司的行为发生。

第 08 章

指令口才，言辞有力树立威信

领导需要具备一定的指令口才，既然涉及管理，难免会遇到下命令的场合。这时领导不能仅凭自己的职务、权力和形式上的地位尊严去树立威信，而应靠对员工的信任和指导去建立威信。

以身作则，调动下属的积极性

领导者在讲话的过程中，若希望自己的讲话更有激励性，那么，不妨拿自己开涮，以身作则，说说自己是如何做的，这一新颖生动的材料，能够充分调动听众的兴趣，引发观众的想象力，并且可以使讲话声情并茂，增强表达的感染力，让观众耳目一新。托尔斯泰说："真正的艺术永远是十分朴素的、明白如话的、几乎可以用手触摸到似的。"领导从自身角度出发，告诉下属自己是如何做的，往往更有说服力。

现实工作中，领导在很多场合的讲话，都有一个重要的目的，那就是激发下属的工作热情和积极性。这也是领导日常工作的重要方面。然而，有时候，再多的空洞语言还不如一个鲜活的案例来得奏效。这就是典型案例的作用，它可以达到以少见多、以小见大、深刻有力的讲话效果，不但能让讲话在内容上充实有力，更能让讲话简洁精练。而事实上，对于听者来说，对那些遥不可及的理论有时候也并不信服。

刘瑞已经由一名汽车销售人员晋升成为销售经理了。作为

公司的领导，在每年的年会上，在提到如何提升销售业绩的时候，刘瑞都会拿出自己当年做销售员时的真实案例与大家分享。今年，他讲话的中心是“人际关系在销售过程中的重要性”。

他讲道：“很多同事问我，到底怎样才能把车卖出去，到底怎样才能在茫茫人海中找到客户？这里，每个人都有自己的方法，但作为我个人来讲，我发现，提到业绩，我就不得不想起那些朋友，在这里，我由衷地感谢他们。可能你们会问我为什么要这么说——你们还记得吗？当初刚来公司的时候，我的主要工作是推销汽车。那时，你们总是问我为什么工资总是不够花，那是因为：不是今天这个同学结婚送礼，就是明天那个朋友家里需要钱。但正是这些付出，才有今天的成就，正是这些朋友帮了我。有一次，我翻看了一下以前的业绩表，我发现，里面的客户大部分都是我的朋友，而剩下的也是我的朋友们介绍的客户。可以说，这些年，我取得的成就都是我这些朋友的功劳。我常常和那些销售新手说，与其在外面辛苦地寻找客户，还不如从身边的人开始挖掘，只要我们经常和这些朋友联系，同学有事主动帮忙，多关心他们，那么，他们一定很乐意为我们的业务提供帮助。”

当刘瑞说完这些，台下响起了一阵阵热烈的掌声。

这里，已经升为领导的刘瑞在公司年会上发表讲话，对于如何提高销售业绩这一问题，他并没有长篇大论、阐述销售的专业知识，而是告诉下属自己是如何做的，让下属们自己得出结论——重视人际关系，将有助于提升销售业绩。

那么，具体来说，领导者该如何以身作则，说说自己是如何做的呢?

1.以激励代替命令

和刘瑞相同，现实工作中，很多领导干部都需要给下属定目标，而他们的做法是告诉下属："你必须要达到……"而实际上，人类对于一件很难完成的工作都缺乏干劲，这主要是由于人的潜在心理中，没有一股强烈的"达到欲望"。而当这种强烈的欲望起作用时，他本能地就会想办法促使这项工作完成。聪明的领导则会说："如果是我……这样的话就比较简单了。"当下属得到这种潜在的激励后，自然会使出浑身解数，完成目标。

2.告诉听者你的态度

举个很简单的例子，开会时，如果没有一个强硬的反对者，你只要轻松地说一声："已经决定好了。"事情就可以顺理成章地决定了。

"已经决定好了"这句话就是一种"提前暗示"。尤其对那些没有明确想法，头脑像白纸一样的人，要让他们赞成自己，"提前暗示"是极其有力的武器。

因此，领导在讲话的时候，若希望听者接受并按照你的意图执行，你就可以事先告诉听者你的态度以进行暗示。

总之，领导之所以能成为领导，在下属心中是有一定地

位的，无论是提出目标还是下达指令，告诉听者自己是如何做的，都会产生一定的积极意义。

给下属下达任务要明确

总是有一些领导人在下达指令时不把话讲明白，让下属花很多的时间和精力玩猜谜的游戏，猜错了不但白白浪费时间，还会产生许多误解，有时甚至耽误公司重要的流程。而下属也不太习惯发问，在听不明白的时候，也假装明白，以为可以蒙混过去，若过不去以后再说，所以常常造成主管觉得自己的员工效率不够，员工又敢怒而不敢言。

另外对时间的要求也必须明确，不要说："你报告做完就拿来。"这样模糊不清的话，很容易在将来引发争端，最好是在和对方讨论出最合适的时间和进度之后，再作一次要求："你利用一个礼拜的时间，完成第一个阶段的报告，下礼拜同样的时间，我们再开一次会，讨论你的报告内容，这样的安排你觉得可以吗？"清清楚楚指出时间限制，目标十分明确，这样可避免许多沟通上自我诠释性的误差。

无论是机关单位还是企事业单位，任何一个领导干部，在工作中都免不了要下达指令。指令是领导透过各种方式，如强制、微询、请托等，将工作计划中的各种任务交给下属分头执行以实现组织目标的一种管理方式。因此命令是一种使计划能付诸行动的必要方式，而且是每一位领导责无旁贷的义务。因此，领导只有对每一个人提出清楚明确的行动要求，才不至于有拖延怠惰或是诿过的情况，执行效率才可以提升。

三个月前，萧晨通过考试进了现在这家公司，但他在新单位很不适应，他向一位老同事抱怨一份报告写了3次，还不知道合不合老板的意，言下之意显现出无尽的挫折。他说："刚进公司，要学的事已经够多了，时间都不够用，偏偏报告要一遍遍地改，每一次讲的都不一样，都不知道要怎么写才好！"

"老板是怎么说的？"同事问。萧晨说，第一次老板告诉他，"把每天的业务电话记下来。"所以他就记下所有的电话和内容，结果老板说，"不需要这么详细，浪费时间，只要记下有成交结果的电话就好了。"所以他就记录下成交的结果，后来老板又说，"这样太简单了，你不能只写结果，还是要把互动的内容记录下来。"

老板说不清楚，员工听不清楚，效率就流失在这一来一往之中，再加上情绪的浮动，或许会增加更多的负面效应，所以明确的行动要求，在职场领导中是非常重要的一个技巧。像前面的这个例子，老板只要在一开始就明确地告诉员工，他的报告内容必须包括哪些部分，甚至举个例子给他看，这样员工不就一目了然了吗？也不会因为一份报告来来往往好几次，还使员工产生挫折感。

没有具体内容的命令，使部下无所适从，要么不去做，要么靠自己的想象发挥来做，必然会导致作业结果出现偏差。那么，具体来说，作为领导干部，你该如何向下属下达指令呢？

1.指令要明确

每个人都有一定的讲话偏好，有的人含蓄委婉，有的人啰啰唆唆；有的人直截了当，有的人遮遮掩掩。在沟通时，这些偏好或习惯很可能造成理解上的障碍。

比如，一位上司把下属叫过来说："上周我们的业绩不佳，我们应该有所改进。"

下属说："我们也在想办法改进，但不知道公司的看法是什么，公司的目的究竟是什么。"

上司回答："公司的目的，就是希望你们干得更好些，多卖些货出去。"

这个上司发布的指示，对于下属而言是无效的，因为它太含蓄太笼统了。在这次沟通中，下属既没有了解到上司对于工作的具体改进要求，也没有获得改进工作的具体目标。上司的含蓄风格，使这次沟通成为完全没有意义的沟通，下属仍然只能按照自己的想法去工作。这只是一个方面的例子，其实在沟通中，由于个人偏好而造成的沟通障碍还有很多。官场上的口头禅"原则上……""我基本上同意……""还需要研究研究……"等之所以被人厌恶，就在于它们根本无法传达准确信息，不能实现对话者的真实目标。

2.指令要完整

完整的发出命令要有“6W2H”（何事WHAT、何故WHY、何人WHO、何时开始和结束WHEN、何地WHERE、为谁FOR WHOM、如何做HOW、成本HOW MUCH）方面的具体内容，这样下属才能明确地知道自己的工作目标是什么。

下面是不同的发出指令举例，你认为哪一个最好呢？

（1）小李，你过来一下，最近我们线品质不太好，你一定要在近期把品质提上去，你回去吧！

（2）小李，你过来一下，最近我们线品质不太好，OQC抽检合格率从99%下降到了95%，你一定要在近期把品质OQC抽检合格率提上去，你回去吧！

（3）小李，你过来一下，最近我们线品质不太好，OQC抽检合格率从99%下降到了95%，你一定要在近期把品质OQC抽检合格率重新提高到99%，你回去吧！

（4）小李，你过来一下，最近我们线品质不太好，OQC抽检合格率从99%下降到了95%，你一定要从今天开始，在2周的时间内把品质OQC抽检合格率重新提高到99%，为我们线、我们部门做出更大的成绩，证明你的能力，你回去吧！

（5）小李，你过来一下，你前段时间工作表现一直很好，但最近我们线品质不太好，OQC抽检合格率从99%下降到了95%，你一定要从今天开始，在2周的时间内把品质OQC抽检合格率重新提高到99%，为我们线、我们部门做出更大的成绩，

通过QC抽检报表数据分析后发现主要原因是你的生产线新来的那2名外观检查员工有大量的误判，造成不良品流入到OQC，你要在今天花不少于1小时以上的时间对这2名员工进行重点培训，讲解外观常见问题、限度样板、标准及判别方法，同时在生产过程中加强对他们的巡查，随时指导（改善此问题只需要投入人力，不需要投入其他资源），以强化他们的外观检测能力，以实现提高OQC抽检合格率达到99%的目的，我相信你能做好这件事情，你回去吧！

可见，讲话是一门艺术，向下属下达指令更需要领导具备良好的口才，只有明确、完整的指令才具备良好的指导作用！

一针见血，说中问题的关键

语言是一门艺术，这是众所周知的。作为领导干部，你要真正掌握这门艺术，使你的讲话更有针对性，增强吸引力、号召力，只顾说教、语言毫无力度是无法达到这一效果的。毕竟领导讲话的最终目的，就是要讲出征服人心的道理，要做到正言昭人、以理服人，必须在内容上有深度，摆出的事实雄辩有力，阐述的道理无懈可击，能够引人入胜、催人奋进，让人警醒。

那么，领导干部讲话，怎样才能做到击中要害呢？

1.有备而言，选择词句表达自己的思想

许多演讲大师在讲演之前，都会对语句的组织作一番精心准备，以便使自己的讲话更准确、更生动、更有力度。在大多数情况下，讲话之前都有时间作准备，你在讲话之前，也应该对自己将要讲的内容预先梳理一番。这样做的好处在于：可以回应讲话过程中出现的某些“意外情况”。所谓有备无患，就是说事先对讲话内容有所准备，对讲话可能引起的反应有所预测，则不会出现临场心慌、不知所措、语无伦次的尴尬；而最为重要的是，对讲话内容的梳理，能帮助我们找出最能准确表达意图的词句。语言，特别是作为表意文字的汉语，词汇特别丰富，语言与情境的关系也非常紧密。如果不事先对自己要讲的内容在文字上做一些准备工作，那么在话语交锋的过程中，就很难保证自己选择的词句是恰当的、是适合当时情境的。语句选择的不当，轻则可能造成理解的误差和障碍，严重的甚至会伤害对方的感情，使谈话无法继续。

2.讲话时思维要连贯，不要经常转换话题

要实现讲话的目的性，就要有一个明确的主题，如果没有客观的需要，最好不要经常转换话题。讲话的主题不明确，领导者将很难保持思维的连贯性和表达的准确性，而听的人则更不知要接收什么信息，要如何理解并记住讲话内容，这样的沟通将是完全无效的。

比如，一位妈妈上班前嘱咐孩子：“米饭在锅里，菜在

盘子里，吃的时候一定要热一热。天气不好，如果下雨，别忘了关窗户。自己在家好好玩，别淘气，看好家门。热饭菜要放点水，别烧糊了，关窗户要小心，别夹着手指。记住，不要出去乱跑，还有饭菜一定要热着吃噢！”本来很简单的三件事：饭菜要热了吃，下雨要关窗，要待在家里玩，被她这样反反复复地啰啰唆唆说了一通，孩子反倒不明白自己要做什么了。人的大脑思维是有一定连贯性的，一件事情重点强调，就会记得深；如果不停地转换主题，大脑不停地更新内容，就来不及记忆了。

3.准确而流畅的言词表达

首先，要把话说清楚，把自己的意思表达得完整而准确，并且具有连贯性。这个要求看起来很简单，但事实上很多人都做不到，或者难以做好，准确流畅的言词表达，需要讲究一定的技巧。

再次，语言要有力度。我们经常说的“一气呵成”“行云流水”“入脑入心”就是语言效果的体现。领导讲话不求长篇大论，意在生动感人。对此，领导干部讲话时，一是可以多引经据典。语言引用得好，常有 “画龙点睛”之功效，产生“锦上添花”之奇效 。二是要精于修饰词句 。领导讲话虽不像文学作品那样过分追求用词、用字的华丽，但至少要让人看起来有“赏心悦目”之感，读起来有“朗朗上口”之意，听起来有“顺耳顺心”之情 。

总之，因为领导的讲话极具权威性、指导性和针对性，它追求的是一言九鼎的效果和一针见血的说服力。这要求领导说话时，既要有高度，又要有深度！

表述清晰，向下属传达工作意旨

当众分配工作，这也是领导者的日常工作之一，这时领导者说话水平的高低就体现在是否表达清晰有条理。最让人看不下去的就是，有的领导者面对着办公室里的几个人，啰唆来啰唆去，啰唆了半天却说不出个所以然来。工作分配结束之后，下属面面相觑："刚才领导让我干什么来着？""领导怎么安排了我做这个，又让我做那个呢……"结果，即便是当着面部署的工作，也仍漏洞百出，让下属们找不到东南西北。其实，造成这些现象的缘由都是领导者语言表达模糊，不够清楚，同时缺乏一定的逻辑性。因此，领导当众分配工作时应针对问题的需要，将具体实践的情况说清楚，这样下面的人听了才会完全意会，而且有很强的操作性，切忌在半空中论过来、议过去，表述散乱而不清楚。

在现实工作中，有的领导有"表述散漫"的语病。他们在表述某些事情、道理时把握不住中心，东拉西扯，甚至越说越远，甚至到最后连自己都不知道最初的话题是什么了。而产生

这种现象的根源就在于领导者的思维机制主控功能不强，表述中思维运动的主方向没有紧扣话题向前延伸，于是，在实际口语交际中就很容易被一些非主题因素所左右和干扰。如果领导者表述比较散漫，就要注意改正，这样才能更清楚地向下级传达你的工作意旨。

这天中午，销售组的几位同事在等着组长来开会，早上大家都得到了通知。但大家一听到开会，头都大了，这个组长平时最大的爱好就是开会，安排工作，不过这恰恰是他的弱项。组长老王是一个说话特别散漫的人，有时明明是拿着拟好的草稿安排工作，他也东一句西一句，让几个成员根本不清楚自己具体应该干什么。

正在大家议论纷纷的时候，老王来了，他摆着十足的官架子："现在我对大家近期的工作作一个安排。"接着，他那啰唆的说话方式又开始了："最近，经理觉得咱们销售这一块做得很好，我们现在主要抓的就是销售业绩，其实我觉得客户那边也很重要。接下来的工作安排是这样的，小周主要负责客户那一块，但平时也需要多关注销售业绩，你看，上个月的业绩就不好，我还真不知道你们是怎么搞的……小李跟小周一起，你的工作也是客户，但有时间也需要关注具体的销售量，小唐主要抓销售业绩……"

老王话说完了，但几个组员仍旧很茫然，这到底是负责客户呢，还是销售业绩呢？于是，就在老王返回办公室不到一分钟，所有的组员都涌了进去："组长，我的工作到底是什么？

能再说一遍吗……”

如果每个领导都像老王这样安排工作，那估计等到天黑，大家都不能得到一个明确的答案。出现这样的问题，一方面是由于老王的思维不够清晰，因为思想决定语言，自然口语表达也就不够清楚了；另一方面是因为表述没有条理性，乱成一团，分不出主次内容。

另外，还有的领导者在说话的时候，总是主观性地画蛇添足、添枝加叶，最后使得听众不知所云。这就是赘语过多造成的，因为赘语词占据了表述时间，结果干扰了信息交流。领导者在进行语言交际时主要依靠表述内容，而赘语与表述内容之间根本没有必然的联系，它是交际时从语言表述的“外部”强加上去的。所以，在当众分配工作时，赘语的存在不能起到传达信息的作用，相反，它对于信息交流还具有某种阻碍作用，直接影响了说话的效果。

那如何才能改善表述散漫，没有条理的情况呢？

1.增强自己的语言组织能力

表述不够清晰，大多是语言组织能力较差，才会从这里扯到那里，造成表述混乱的情况。而要想加强自己的语言组织能力，你需要多思考，多读一些理性分析的书，确定一个清晰的思想，让自己的观点更鲜明。

作为领导者，如果你不能当众组织自己的语言，不妨先将关于工作分配的内容写在纸上，这样可以避免自己找不到话说

时颠三倒四。

2.分点叙述

如果领导者在给下属分配工作时说话缺乏条理性，那不妨将每次的当众说话内容分点叙述，采用“第一、第二、第三”这样的方式，如此一来，减少了语言表达的不少麻烦，同时也会让下属一目了然，很轻松就能明确自己的具体工作。

第 09 章
当众说话，自信从容让人信服

领导讲话，大部分场景都属于公众场合，如开会、汇报工作、演讲等，因此领导需要修炼当众讲话技巧，以自信从容的讲话风格，令下属心服口服。纵观古今中外的卓越领导者，无一不是当众说话的高手。

当众讲话风度，彰显内在气质

风度是领导者气质的表现，一个气质风度俱佳的领导，他无须言语，只要静静地站或坐在那儿，便能给人一种特殊的感觉，给人留下极为深刻的印象。所以，领导在讲话之前就要使自己的形象看起来风度翩翩，相反，一个形貌猥琐、不修边幅的领导是谈不上风度的。而且风度是一个领导知识广博、富有经验的外在表现，如果你满腹经纶，在讲话的时候能够随意引经据典，上说天文，下说地理，那么也可以展现你良好的风度。

作为一名领导者，你应该清楚地意识到，要想实现自己强而有力的领导力，则需要在当众说话中显示出自己的风度。通常领导者在当众说话时需要在人前展现自己的仪态，仪态就是给员工、给上级的第一印象，而第一印象往往会持久保留在人们的脑海中。一位风度翩翩、形象气质俱佳的领导，往往能带给人赏心悦目的感觉，并且能够直接激发下属的工作兴趣；相反，一个缺乏风度、形象不佳的领导，则会给别人留下不好

的印象，甚至使对方在心理上对你的领导力产生种种疑虑。当然，仅仅靠外在的仪态来显示自己的风度还是远远不够的，更需要的是通过说话来显示出内在的风度。风度对于领导者来说，是一个极其重要的因素。风度不仅是外在的表现，它更是一种内在气质的升华。

那在实际说话中，领导者该如何显示自己的风度呢？

1.保持神采奕奕的状态

一个举止潇洒、神采奕奕、浑身洋溢着生命活力的领导，别人更容易被他的非凡气度所震慑。同时，一个讲话有风度的领导者是充满魅力的，他的从容自信、干练、有条不紊、不亢不卑使对方不敢在心理上轻视他，最终会在欣赏的同时更加重视谈话过程。

2.以友好的态度待人

当众讲话时需要随时保持面带微笑，并且表情自然、真挚。领导不要总是摆出自己的官架子，显示出冷冰冰的态度，打出一副“官腔”，否则只会使你与下属的距离越来越远。亲切友好地面对你企业里的所有员工，即使他们犯了错，你也不要当众指责，而是要用温和的语言来告诉他们错误在哪里、怎么去纠正。一个讲话有风度的领导，他在任何时候、面对任何人，态度都是极为友好的。

领导的讲话越短越好

领导者要善于当众说话，这几乎是每一个领导者都必须具备的基本功之一。而说话简短精练则更是领导者较高工作水平和较强领导能力的具体体现。如果领导说话常常不切实际，满篇套话空话，即使说话时间不长，也会使听者觉得味同嚼蜡，乏味枯燥，这无疑是浪费时间和精力。在实际生活中，我们常常看到一些领导喜欢当众说话，他们几乎逢会必说，每说必长，并且一开口就是漫无边际，好似滔滔江河绵延不绝。在他们看来，说话就是一场政治待遇，如果不说就会失身份。至于这样的说话有没有效果，他们根本就不会去关心，似乎那也不是他们所关心的问题。很多领导可能并不知道，你在那里滔滔不绝，听者却苦不堪言厌恶至极。

实际上，说话的效果和长短往往成反比，长话则效果差，短则效果好。所以，领导讲话要讲究精练性，能否说短而有用的话，关乎语言表达和文字组织能力。这就需要领导干部勤于学习、不断探索、善于思考、勇于实践，努力使自己形成较高的思想文化修养和扎实的理论功底。

文学大师林语堂说：“绅士的演说应该像女人穿的迷你裙，越短越好。”一个领导的当众说话要十分地精练，而不是长篇大论。比如，在联合国开会，每个人的发言都有限时，所以大家的发言稿一般都很简练，但是一样能够赢得满堂的掌

声。有的领导会错误地认为，说话时间长短与重视程度有关，所以他们在没多少实质内容的会议上，为了体现自己的重视程度，就反复强调一个问题，造成空话、套话连篇。实际上，我们说："有话则短，无话则不讲。"领导说话短小些、精辟些，这在当今工作的快节奏和社会信息交流频繁的时代，是非常受人欢迎的。

俗话说"浓缩的是精华"，领导讲话越短越精彩，越短越容易给人留下深刻印象。精彩的讲话并不需要长篇大论，短小往往更精悍有力。领导要想在较短的时间内把想说的话说完、说清楚，并赢得听众的青睐，没有高屋建瓴、提纲挈领的本事，这确实是件难事。有的领导讲话，三言两语就能触及要害，抓住实质；有的人却语无伦次，绕了大半天，还是不着边际，不得要领。

1.摆脱"形式主义"，力求实事说话

某领导曾指出："现在有一个问题，就是形式主义多。电视一打开，尽是会议，会议多，文章太长，讲话也太长，而且内容重复，新的语言并不很多。重复的话要讲，但要精简，要腾出时间来多办实事，多做少说。"

所谓的形式主义就是空有花架子，却无任何实际意义的内容，这样的话说来有谁听呢？对于领导者来说，更需要摆脱形式主义的枷锁，创新语言，实事说话，一件事情三言两语就说好，要善于说有用的话。

2.有话则短

通常领导所倡导的原则是“有话则长”，明明是两句话就能说完的，他却偏偏要在那里啰唆半天，末了还表示“由于时间关系，今天就说到这里”，而下面的听众却早已是忍无可忍了。所以，不管在什么场合，若是需要说话，要尽量地短，减少冗长的内容，简洁而清楚地表达自己的意图。

掷地有声，更容易令下属听从

实际上，领导者的语言缺乏力量，就相当于其缺乏本身的权威性，如此便很难得到下属和上级的肯定。领导说话历来都是政治家和各级领导宣传政见、安排部署工作的有效形式，这是领导说话不同于一般演讲和发言的一个关键。因此，领导说话一定要显示出力量，增强权威性，起到政令的作用。领导者就如同是驰骋沙场的将军，是激励手下的一个核心人物，也是决定战争胜败的关键因素。任何一个组织，一项事业，都离不开领导的统率。这些都要求领导者的语言具备一定的力量，带来一定的威信，否则下属是难以从命的。

有时同样是两个领导说话，一个说得下属情绪紧张起来，哪怕是一件很小的不被人注意的事情也被他说得津津有味；另外一个领导者却不是这样，本来是一个严重的问题，在他说出

来之前，下属的情绪已经相当紧张，但他一开口，下属紧张的情绪反而松弛了。这是为什么呢？其实两者区别的原因就是言语力度的差别。言语也是可以展现一定力量的，有力量的语言通常给人震慑的感觉，而作为领导者，他们所必须具备的就是有力量的语言，如此才能让下属言听计从。

试想，一个领导者说话柔软无力，软绵绵地，给人的感觉就好像是还没睡醒，以这样的语言去下达政令、部署工作，下属会听吗？会执行吗？答案虽说不是绝对地肯定，但大部分都不能起到很好的作用。

那在实际说话中，如何才能让语言达到掷地有声的效果呢？

1.使用一些有力量的词语

通常人们习惯说："我原来只是认为……""我们也许可以……"这样会让表达效果大打折扣，有时的谦虚不过是粉饰之物，这样做只会让你的语言越来越无力。对此，我们要改变话语表达中不恰当的词语，使用一些有力量的语言，直截了当，行就是行，不行就是不行。比如，最好不要说"我看……""我想……"，而是尽可能地说"我认为……"，这样你的言语才有力量。

2.说话要有依据

领导说话一定要有依据，若你只是说虚假的话，首先你自己的态度就会软下来，更别说言语有力量了。说话是否有力，必须要看是否有客观依据，也就是经得起逻辑的检验，这样的话才更有说服力。

实事求是，公平公正地评断

西点军校有句俗语，一位管理者“应该严厉，但要公平”，假若你想别人追随你，你就得公平。作为领导干部，在日常工作中，你自然免不了要对下属提出褒奖和批评，这里就涉及评断的艺术，任何评断，只有公平公正，才会让对方心服口服。公正无私是一种崇高的思想境界，一个人具备了公正无私的品德，就能光明磊落，实事求是，主持正义，除恶扬善。“公生明，偏生暗”“有公心必有公道”等古训，讲的就是这个道理。

任何一个领导干部，都要有公平公正的评断精神，只有做到这样，才会显示出自己真正的领导力。口头上谈论大公无私容易，但在实际的工作中做到公正评断，还需要领导干部掌握一些褒扬和批评的艺术。对此，领导干部可以这样做：

1.如何表扬

很多工作，领导去做只要命令就能解决，而下属可能需要积极与其他部门进行协调、需要查阅大量的资料，投入相当的时间。所以，领导者永远不要因为在自己看来是小事就吝啬表扬。关于如何表扬，领导者需要把握以下几点：

一要趁热打铁。表扬不能满足于对成绩的肯定，而应注意趁热打铁，在表扬中提出有针对性的目标。

二要抓住优点和亮点。每个人都希望别人注意自己的不同

凡响之处。领导者表扬下属时也应适应这种心理，注意发掘每个下属的“闪光点”。要做到这一点，应注意遵循三个原则：一是实事求是，符合实际，注意分寸；二是真心诚意，不夹杂讽刺或嫉妒的心理；三是全面了解，对不同人的不同“闪光点”表扬方式不一样，对不同人的同一“闪光点”表扬方式也不一样。

三要寄托希望。面对下级某方面的不足，有经验的领导者一般不会轻易说“希望你……”，而往往是把这句话留在下属因某方面的工作做出了成绩受到表扬之后，再话锋一转，提出相应的希望。当一个人因工作上的成绩受到表扬时，就会产生一种成就感、荣誉感和自豪感，这种积极的心理反应不仅会使其感到心情愉快，还能使其自信心大增。

四要融入鞭策。就是善于在表扬中“一箭双雕”，借表扬先进之际，让没有受到表扬的人感到差距，甚至反省自身存在的问题，起到一举两得的作用。

2.如何批评

一要客观。批评通常是在事情发生后出现的，我们一定要深入了解事实，调查情况，通过研究分析后对人的思想行为作出实事求是的评价，给予公正合理的批评。

二要委婉。战国时期的官员黄喜微服私访，路过田间，看到农夫驾着两头牛正在耕地，就大声问：“这两头牛，哪一头更棒？”农夫一言不发，到了地头，农夫才在黄喜耳边小声

说："边上的那头牛更棒些。"黄喜很奇怪，问他为何这么小声说话。农夫回答："如果我大声说这头牛真棒，它们能从我的眼神、手势、声音里分辨出我对它们的评价，那头虽然尽了力但不够优秀的牛心里会难过。"

三要真诚。真诚才能换取真心，毛主席说要"惩前毖后，治病救人"。在现在以人为本的管理环境中，这仍然要作为我们运用批评这一管理手段的原则。领导者在批评某人时，一定要态度端正，一切本着真诚的态度准确地批评，一切本着解决问题、提高管理水平的原则作出批评。而不是出于某种打击目的，唠唠叨叨，长篇大论。言语千万不可含讽刺、嘲笑、污辱的意思，讲话者要注意语言文明，用词得当，在听众心中留下良好的形象。

四要对事不对人。"金无足赤，人无完人"，谁也不是完美的、万能的，不会犯任何错误的人根本不存在，一个一无是处的人也没有。大家都有优点和缺点，所以领导者一定要弄清这一点，我们批评的是他做错的事、他的某个缺点，而不是他整个人。批评他的错误，可以帮助他改正错误，却并不否定他的成绩，这才是科学的观念。假如批评他的为人，那就表示他一无是处，这样不仅于事无补，于错误无补，反而会伤害他，同时也间接地伤害其他人，这是不科学的。

很多领导表示，表扬起来容易，批评却很难。批评容易使上下级之间的关系受到影响，也会使下级对上级安排的工作表

现出消极应对的情绪。造成这种后果的主要原因是领导者不懂得如何批评员工，也没有掌握批评员工的艺术。而无论如何，只要领导者掌握以上几点批评和表扬的艺术，尽量做到公平公正评断，则必能让下属心服口服！

别说套话，遵循客观事实说话

现在很多领导讲话，一开口就是满口的原则性很强的话，并且套话、官话、空话连篇，年年可用，人人可讲，于是就成了“万能膏”，这些又怎么会受到听众的欢迎呢？有的领导可能觉得说空话省心省力，而且不会出错，于是他们逢会就说套话，逢场必是废话连连。这样的套话空话，听众不爱听，虽然他们不能控制你的嘴，但是他们可以控制自己的耳朵，他们可以选择不听。因此，领导者不能说空话，而是需要当众实事求是地说话。

领导说话实事求是，说容易也容易，说难也难。说它容易，是因为客观事物摆在这里，你只要不是有意歪曲它，照实去说，应该不难。但是很多领导出于自身的主观原因，常常在自己说话的时候故意歪曲事实，乱说一气，而不把客观存在的事实说出来，最终的结果就是显得他说出的话不靠谱。于是说者滔滔不绝，费尽口舌，听者恹恹，苦不堪言。

那领导在实际说话中，如何才能避免说空话呢？

1.准确运用知识

有时候，由于相似的词语、类似的典故，所以使说话者在说话中“信手拈来”时发生误差。领导应该要准确掌握自己所储备的知识，不要张冠李戴、南辕北辙，在什么样的场合、面对什么样的对象、针对什么问题，该用什么样的知识来讲，都要准确运用。不能随手拈来，不符合实际，不符事实，否则只会贻笑大方。

2.准确运用语言

说话往往是靠听者的听觉接受的，所以，要让听者听清楚、听明白，语言就要恰当、通俗易懂。领导不要自以为是地追求一些华丽的辞藻，说一些生僻怪异、晦涩难懂的词语和术语。

领导说话要语言表达清楚，不要模棱两可，说起来琅琅上口，听起来也要悦耳动听，千万不要用那些拗口、听起来别扭的语言。另外，就是尽量使用短句子，有的句子太长了，就会让人听不清，容易让人产生误解。

3.准确阐述问题

许多领导的惯用说话方式就是：对下级讲话，我强调几点；对同级讲话，我补充几点；对领导讲话，我体会几点。结果，他在那里废话了半天，也没有准确说出问题所在，而是给许多的领导戴了恭维的高帽子，这些“高帽子”也并不是他发

自内心的“肺腑之言”，往往是“套用公式”，所以，没有人会被这些话所打动。

放下官架子，言语表达具亲和力

在工作中，领导说话和蔼可亲、平易近人，从自己的语言表达中，时刻体现出对下属的关心，这份亲和力，会使得领导与下属的关系越来越融洽，与此相应地，领导的影响力就会越来越大。相反，如果领导说话太领导范儿，缺乏一定的亲和力，就会使他与下属的关系紧张，这样势必会造成彼此之间的心理距离，而这样的心理距离会形成一种心理对抗力，一旦超过了某种限度，会使得上下级的关系变得越来越恶劣。

在现实工作中，许多领导干部喜欢打官腔，尽管出口成章，但群众听起来则是一头雾水，不明所以，下面的人真正执行工作起来更是一片茫然，无的放矢。对于许多领导者来说，讲台是个神奇的地方，如果没有摆正角色就走上台去，就会与台下听众产生距离感，有高高在上的感觉，有发号施令、给人授课的欲望。有的领导自我感觉良好，说起话来，嗓门不高但调子高，官位不大但架子大。面对台下的听众，不管说啥问题，都能把那一套自己的大道理搬出来，他们对听众感兴趣的现实思想问题少了些，引经据典多了些，总是老生常谈；有的

领导还成篇地引用报纸、杂志的观点和事例，却都与听众和本单位需要解决的实际问题不沾边，毫无意义。其实，打官腔、说套话只会让你离下属越来越远，不妨放下领导架子，适当展现出自己和蔼可亲的一面。

那在现实工作中，领导该如何展现自己的亲和力呢?

1.不要领导范儿

我们经常会听到这样的议论：“我们单位的领导，官虽然只有芝麻那么大，架子倒是摆得不小，其实，他越是这样子，我们就越是懒得理他。”“那领导说起话来怎么老是那样子，拿腔拿调，真让人受不了。”对于那些说话爱耍领导范儿的领导，下属是极其讨厌的。所谓的领导范儿，就是打官腔，拿官架子压人，而这些毛病都是领导者需要纠正的。

2.适当放低领导者的姿态

人与人之间的人格地位是平等的，不要认为自己站在领导的位置就高人一等。无论是与谁说话，都需要平易近人，适当放低说话的姿态。现实工作中，在与下属说话的时候，领导者不妨主动表示亲和或适当放低姿态，满足普通人的自尊心理需求，这样做也更容易被下属所接受。

第 10 章

社交口才，左右逢源应酬得当

日常工作中，领导除了对下属下达指令、召开会议、参加公众场合演讲等活动，还需要参加一定的社交活动，如会见客户等，作为领导者，你需要深谙社交口才，这样才能在实际应酬时左右逢源应付得当。

认真听取他人提出的意见

领导者要善于倾听，早在古代，一些为政者就懂得了这个道理。在周朝

，朝廷就设有专门的采诗官，常年巡游各地以采集民间歌谣，从中体察风俗民情，考察朝政得失。后来，唐太宗皇帝更是坚持“兼听则明、偏听则暗”，鼓励大臣谏诤，采纳良言，造就了光耀千秋的贞观之治。从古到今，那些刚愎自用、闭目塞听、偏听偏信的领导者，往往是失道寡助，最后，导致天怒人怨、国破身亡。在职场中，倾听下属的话，就能做下属的好领导。或许，不少领导者会纳闷：自己好歹是一个领导人物，怎么需要倾听下属的话呢？又不是下属给自己发工资！这是一种狭隘的想法，领导者亦不是十全十美的圣人，在其身边的每一个下属的身上都有值得他们学习的独特之处。

倾听，是领导的一项重要工作，是否善于倾听，将直接反映领导的水平和执政能力。自古以来，在官场就有着“言能进，道乃进”的执政理念，意思是说，只有能够听得进下属的

意见，才能使自己的工作不断地完善。大企业家强调，要广泛倾听下属的意见和建议，才能有效地管理下属，更好地完成工作。对于领导来说，只有注重并善于倾听下面的意见和呼声，才能从下属中的建议中汲取智慧和力量，为实施政策打下良好的基础，从而真正做到扎扎实实、全心全意为下属服务。人心向背是决定一个企业兴衰成败的根本因素，作为领导者，要想赢得人心，你就要倾听下属的心声、下属的心意，而心声并不在书本上，也不在企业里，而在于下属的心里。了解下属，最有效的途径就是倾听对方的言论，不仅如此，在倾听的过程中，还能够练就领导的好口才。其实，倾听，本身就是一种绝佳的口才，它更注重收集信息，而自己保持沉默，也因如此，自己才能将话说得更恰到好处。

很多领导在潜意识里都有一种优越感，因为自己地位比别人高，年龄也比别人大，就觉得自己比别人有经验，比别人懂得多，所以，在日常工作中，他们拒绝倾听任何人的意见。当然，我们不否认，领导在见识、眼光、韬略上自有他的过人之处，高于常人。但在某些时候，你的一些观点、想法明明是错误的，但是自认为资历很高，就拒绝听取他人的意见，这样，往往会铸成大错。

当然，对下属的话保持一种倾听的态度并不是那么简单，为了练就好口才，不仅要求我们用耳朵去听，更要用心去揣摩。那么，在倾听过程中，我们应该注意哪些问题呢？

1.表现出耐心

有时候，与下属的谈话在通常情况下都是与心情有关的事情，可能会比较零散或混乱。这时要有耐心听完下属的话，如果你自以为是地去理解，去提出意见，就会产生不好的效果。

2.引导性提问

在倾听的过程中，可以通过引导性提问，让下属继续说你需要了解的部分。比如，“后来发生什么事情了？”“为什么会出现这样的情况呢？”

3.不要随意打断下属的谈话

下属的诉说是一个自然过渡的状态，因此，在倾听时不要随意打断下属的谈话，也不要借机把谈话主题引到自己的事情上，随意加入自己的观点作评论等等，这都是不尊重下属的表现。

4.不要胡乱猜测或者争着抢答

面对下属正在诉说的事情，领导者不要胡乱猜测或者争着抢答，否则会打乱下属的思路，不利于他继续说下去，应该让下属自然过渡到你需要了解的部分。

适当寒暄，营造和谐气氛

所谓谈判前的“谈判”，就是谈判双方的见面、寒暄、

打招呼、相互问候、谈论一些与谈判无关的轻松话题。领导干部可不要小看了这些表面看来好像与实质谈判无多大关系的环节。如打招呼和寒暄，虽然本身并不正面表达某种特定的意思，被人们称为非实质性谈判现象，但是它在整个谈判中的作用是不可缺少的，它对谈判双方的思想、情绪和行动都有着相当大的影响。

这是因为，要使谈判顺利地进行，就必须要先营造友好的、和谐的谈判气氛，寒暄正是营造这种气氛的契机。领导干部主动与对方打招呼、寒暄，就等于在向对方宣布：我坦率地打开心扉，我愿意与你建立良好的人际关系。这样做，自然很容易获得对方的好感，消除谈判双方的紧张情绪和敌对戒备心理，使双方都能以轻松的姿态开始谈判。

对于涉外谈判，我们常常会听到这样一个词语——外交辞令，它是适合于外交场合的话语，借指客气、得体而无实际内容的话。“外交辞令”被称为“没有错误的废话”，国与国交往在一些重要场合中，“外交辞令”非用不可。在日常生活中，领导干部有时出席的谈判活动，虽然没有国与国之间交往之庄重，但同样不可忽视这谈判前的“谈判”。

打招呼和寒暄也是谈判之始观察对方情绪和个性特征，获取有用信息的好方法。一个有经验的谈判者能透过相互寒暄时的那些应酬话，去掌握谈判对象的背景材料：他的性格爱好、处事方式、谈判经验、工作作风等等，进而找到双方的共同语

言，为相互间的心理沟通作好准备，这些都对谈判成功有着积极意义。

那么，领导干部该怎样做好谈判前的“加温”工作呢？

1.选择好话题

运用暗示、双关的手法，巧妙地利用时令特征，如秋天的特点及其象征意义——成熟与收获，将我方诚恳的态度、殷切的希望、坚定的决心含蓄委婉地表达出来。这种“寒暄暗示”法意味深长，具有强烈的针对性和灵活的策略性，无穷之意尽在言外。

2.大胆交流

敢于向对方抛出话题。一些初涉谈判桌的领导干部在开始与对手交涉的时候，有时不知道怎么与对方开场，有时候又有很多的顾虑，很容易和对方冷场。这就需要你走出自我限定的空间，大胆、主动地交流，才能显示自己自信的“外交”姿态。

3.避开敏感话题

无论是在外交还是一般性质的谈判中，聪明的领导人都会注意到一点，那就是绝口不提一些敏感话题，这包括，对手的隐私、宗教信仰、组织冲突等方面。

总之，谈判前高水平的寒暄不仅是沟通双方语言情感交流的渠道，还能为以后谈判的顺利进行创造良好的气氛和条件。但这种寒暄不同于一般情况下的寒暄，它体现了领导干部们的

语言水平和谈判能力，只有巧妙、合理的寒暄，才能真正为交流起到“加温”作用。

真心赞美，令其产生好感

在谈判中适当运用赞美，不仅能缩短谈判双方的距离，密切彼此关系，更会为谈判的成功奠定良好的基础。领导干部在谈判时，尽管都是抱着要赢取最大利益的心态谈判的，但在赞美面前，每个人都愿意为了愉悦自己的耳朵而放弃一些利益。

人，总是希望得到他人的赞美。无论是咿呀学语的孩子，还是白发苍苍的老人，都会希望获得来自社会或他人的适当赞美，从而让自己的自尊心和荣誉感获得满足。人们受到赞美时，都会感到心情愉快，信心大增，自身受到肯定的同时也容易对称赞者产生好感。

由此可见，谈判双方之间并不需要立场分明、不苟言笑的交涉，有时候懂得赞美对方，维护和提高对方的地位，不仅可以有效地缓解与对方的关系，还能让对方主动让出利益。

赞美在谈判中的作用不必多言，而谈判中的赞美也是一门艺术。在谈判中过于夸张的赞美会让对方感到尴尬，失实或者不恰当的赞美则显得虚伪。因此，赞美不仅要真诚，更要善于发现一个人真正值得真诚赞美的地方。

那么，具体来说，领导干部在谈判桌上要如何运用赞美呢？

1.恭维的话要说得具体

赞美要具体，不能含糊其词，否则可能会让对方感到混乱和窘迫。赞美越具体，说明你对对方越了解，也更容易让对方接受你的赞美。

2.发自内心地恭维

当你真诚地赞美别人时，对方也会由衷地感到高兴，并对你产生一种好感，那么，谈判也就有了一个和谐的开始。所以，要想缓和增进双方的关系，拉近彼此的距离，不妨对其使用真诚的赞美。

总之，恭维对手，一定要发自内心，并要有据可依。要知道，对方之所以能坐在谈判桌的对面，必当在某些地方有过人之处，对此，你需要在谈判前做好准备工作，加以了解，继而在谈判的时候有据可依，方显真诚。

3.借助第三者之口赞美

如果有位陌生人对你讲："某某经常与我谈起你，说你是位了不起的人！"相信你的愉悦心情一定会油然而生。因此，借他人之口赞美你的对手，这种赞美要比直接说"我是您忠实的崇拜者"来得更让人舒坦。

4.把握恭维的度，话要说得恰如其分

真诚的赞美应该是恰如其分的，不空泛，不夸大，不含糊，具体，确切。而且，所要赞美的事情并不一定是大事，即

使是别人的一个很小的优点，只要给予恰如其分的赞美，就不属于“拍马屁”。

总之，人都需要虚荣心和成就感。在谈判中，作为一方领导干部的你，如果一直在气势、利益上压倒对方，这就把交易变成了交底，把谈判变成了审判。表面看你是完全彻底地胜利了，实际上你在某种程度上已经失败了。因为“得理不让人”是谈判大忌，即使对方被迫无奈地和你签约了，其内心也会认为你是一个办事刻薄、对人缺乏厚道的人，今后你也可能会永远失去这个合作伙伴，而你如果能巧用赞美，让对方在谈判桌上感到有所得，那么，还有什么问题不能解决的呢?

转移话题，打破交流僵局

谈判专家指出，谈判僵局一旦处理不好，就有可能把谈判推向死胡同；相反，如果能够恰当地应用策略和方法，还是可以“起死回生”的。面对谈判僵局，“只剩下一小部分，放弃了多可惜”“已经解决了这么多问题，让我们再继续努力吧”，这种说话技巧并不一定能起到打破僵局的作用。另外，当谈判陷入僵局时，人们的心理是紧张的，谁也“不敢越雷池一步”，因为谁先表态，就可能意味着先放弃谈判立场，此时，正是体现领导干部说话水准的时候。而如果你能巧妙转变话题，那么，双方紧张与尴尬的氛围会立即消解很多。

谈判充满了变数，并不是每次都能够顺利进行。领导干部在谈判中可能也遇到过很多这样的情况：因为与对手所代表的是利益的对立面，而导致了某些语言上的冲突，从而使得谈判陷入了僵局。可以说，任何一位领导干部都面临过这样的困境，分歧的确令双方都非常难堪，但又很难避免其发生。此时，双方要么沉默相对，要么索性终止谈判。

转换话题也就是不谈和谈判议题有关的事，只谈一些毫不相关的东西，以使双方紧绷的神经得到暂时的放松。

谈判重在谈，而谈判中，陷入僵局，也就是你说了令对方不悦的话。领导干部遇到这种情况时，若能及时转变话题，把话说到对方心里去，谈判双方的心情是可以舒缓的。

那么，谈判中，领导该如何转移话题呢？

1.兜圈子

谈判过程中，各自都有自己的立场，在运用兜圈子这一心理策略的时候，领导干部要记住，使谈判绕了一个圈子，多走了一些弯路无伤大雅，但一定要成功地到达终点，达成双方都能接受的协议。也就是说，兜圈子的话题主旨也不能变，虽然不涉及正题，但必须与正题有关，不管绕多少圈子，牛鼻子始终不能放，做到“形散神不散”。

2.幽默法

幽默能缓解人们之间的紧张对立。因为双方代表各自的

利益，恐怕很难轻易地让步，谈判期间必有一番唇枪舌剑的苦斗，有时甚至到了剑拔弩张的地步。这时，作为谈判一方的领导干部，如果你说句幽默的话，或讲个小笑话，大家一笑，紧张的气氛就可能化解，双方也可以继续谈下去。

3.先在小问题上赢得对方的共识

可能有些领导干部会问："如果谈判不能在重要问题上达成共识，为什么还要浪费时间讨论那些微不足道的问题呢？"而那些谈判高手却认为，一旦双方在那些看似微不足道的小问题上达成共识，对方就会变得更加容易被说服。

"我们先把这个问题放一放，讨论其他问题，可以吗？""我知道这对你很重要，但我们不妨把这个问题先放一放，讨论一些其他问题。比如，我们可以讨论一下这项工作的细节问题，你们希望我们使用工会员工吗？关于付款，你有什么建议？"

这样，你可以首先解决谈判中的许多小问题，并在最终讨论真正的重要问题之前为谈判积聚足够的能量。

另外，话题的转移有相当的难度存在，领导干部须有对语言驾轻就熟的技巧。话题转移得不好，有时虽然能暂时缓和一下紧张的气氛，但对于大局并没有什么益处。转移的话题必须根据具体情况和对象因地制宜，就近转移，不能不着边际，随心所欲，风马牛不相及。

第 11 章

情景口才，收放自如掌控全局

管理者口才应该“因地制宜”，面对不同的场景，就应有不同的讲话方式。在每一个场合，讲话适当，恰如其分地表达自己的思想，才能塑造良好的领导形象。深谙情景口才，收放自如方能掌控全局。

致欢迎词

欢迎词是指在接待或招待客人的正式场合中，主人发表的表示欢迎之意的讲话。欢迎词一般是以口头形式在欢迎仪式现场上发表，也可以公开发表到发行的报刊上；一般是在较为庄重的公共事务中使用，也有在举行较大的聚会、宴会、舞会、茶话会、讨论会等非官方的场合使用。

一、致辞方式

欢迎词是对宾客的到来表示热烈欢迎，它作为一种致辞，有它自己的方式，一般来说，主要是包括下面三个部分：

1.开头

先道称谓，然后表示欢迎和感谢等客套话。

2.主体部分

讲明来宾来访的意义，或述说主客双方的关系，或主客双方合作的成果等。

3.结尾

再次表示欢迎，或说一些表示祝愿和希望之类的话作总结。

二、表达技巧

欢迎词要表现出礼貌、亲切的态度，并且流露出真情实感，这种情感要是内心的自然流露。因此，在致欢迎词的时候，要统一表情和语言，不能虚情假意。即便是与对方在原则、观点上存在着分歧，也要委婉含蓄，不能直来直去，更不能恶语伤人。

竞聘演说

竞聘演说即是为求得自己所求的岗位，重点突出自身的优势，以引起听众对自己的认同并希望最终竞聘成功的演说。

一、竞聘演说的特点

与一般的即兴演讲相比，竞聘演讲具有以下一些特点。

1.目标的明确性

竞聘演说区别于其它演讲的主要特征是目标明确。演讲者上台后就要鲜明地亮出自己所要竞聘的目标岗位，同时所组织的材料应该围绕竞聘成功的目的。总而言之，竞聘演说所作出的一切努力都是为了竞聘成功，这是一个相当明确的目的。

2.内容的竞争性

竞聘演说与其他演讲不同，它的全过程都是听众在候选人之间进行比较、筛选的过程，竞聘者如果谦虚、不好意思说自己的长处，表示自己也是一般般，就不能战胜对手。因此演讲者必须“八仙过海，各显其能”，有时，甚至要把本来是“劣势”的东西换一个角度讲成“优势”。

3.主题的集中性

所谓主题的集中，是指所表达的意思单一，重点突出。这就是说，在表达意思时，必须突出一个重点，围绕一个中心。

4.思路清晰

思路，就是演讲者的思维脉络；“程序”，是指演讲中先讲什么后讲什么的顺序。竞聘演说不像一般演讲那么“自由”，它除了题目和称呼外，一般分为五步：

（1）开门见山讲自己所竞选的职务和竞选的缘由。

（2）简洁地介绍自己的情况，如年龄、政治面貌、学历、现任职务等一些自然情况。

（3）摆出自己优于他人的竞选条件，如政治素质、业务水平、工作能力等。

（4）提出假设自己任职后的施政措施，在谈到具体的实施措施时，可分条列项详细阐明，以保证听众能清晰把握竞聘者的施政特点，并尽快作出自己的判断。

（5）用最简洁的话语表明自己的决心和请求。

当然，以上几步也只是简单的模式，实践中演讲者还可根据实际需要稍加变化，而并非就这样填表式地展开讲话。

二、竞聘演说内容

那么在参加竞聘演说的时候，需要准备哪些内容呢？

1.介绍自己应聘的基本条件

所谓基本条件就是政治素质、业务能力和工作态度等。并简要说明为什么要应聘、凭什么应聘的问题。竞聘者在介绍自己的情况时，一定要有针对性，即针对竞选的岗位来介绍自己的学历、经历、政治素质、业务能力、已有的政绩等。

2.简要介绍自身的不足之处

竞选者在介绍自己应聘的基本条件时，要尽可能地展示自己的长处，但并不就是对自身的不足之处闭口不言，还是需要简要地介绍一下自己的不足之处，因为每一个竞聘者都不可能是一个绝对优秀的人，他总是存在着一些不足或小问题。而当你简要地介绍自己的不足之处时，会给人一种坦率的感觉，也能帮助评选者准确地考查你的能力。

3.表明自己任职后的打算

评选者更关心的还是竞聘者任职后的打算。因此，竞聘者在竞选演讲时，一定要用简明扼要的语言亮明自己的观点，也就是说，要紧紧围绕着听众关心的热点、难点问题，提出明确的工作目标和切实可行的措施。

4.结尾

好的结束语能加深评选者对竞聘者的良好印象，从而有利于竞选成功。竞选演讲常见的结尾方法有：

（1）表明对竞选成败的态度。这种方法能使评选者感受到竞选者的坦诚。例如：“作为这次竞选上岗的积极参与者，我希望在竞争中获得成功。但是，如果失败了我也不气馁，不管最后结果如何，我都将继续好好工作，期待下一次的竞聘。”

（2）表达自己对竞选上岗的信心。例如：“我今天的演讲虽然是毛遂自荐，却不是自卖自夸，我只是想向各位领导展示一个真实的我。我相信，凭着我的政治素质，我的爱岗敬业、脚踏实地的精神，我的管理经验，我一定能把副厂长的工作做好。如果各位有疑虑，那就请给我一个机会，我绝不会让大家失望。”

（3）希望得到评选者的支持。例如：“各位领导、各位评委，请相信我，投我一票！我将是一位合格的……”

获奖致辞

领导常常需要参加各种评奖会、庆功会、表彰会等，而获奖致辞也由此成为领导了经常运用的一种发言方式。如何使获奖致辞获得成功呢？主要抓住以下五个方面：

1.以获奖的内容来致辞

那些获奖者、受表彰者无一不是某一个方面、区域的佼佼者，而他们所从事的工作内容，是获奖者、受表彰者感受与体会最深切的。因此，以获奖的内容来进行获奖致辞是比较恰当的，也是最适合不过的。

2.真实情感，言简意赅

如果一个人能够获奖或受表彰，那么就直接体现了其人生价值。当获奖或受表彰的那一刻，他无比兴奋，激动的心情可想而知。因此，一些获奖者常常用简短的演讲来表达发自内心的情感。

3.热爱之情，执着追求

获奖、受表彰固然是成功的标志，但是，一个有远大抱负的人，他会在获奖致辞时表示出自己将在继续从事的工作上不断奋进，攀登更高的山峰。因此，他们会常常表达对自己所从事工作的热爱或追求。

4.谦虚谨慎

一个人，当他成功了以后，随之而来的就是赞美、鲜花。在这样的情况下，获奖者更要保持清醒的头脑，成绩只能说明过去，而一切从零开始。因此，在获奖致辞中表现出自谦的美德，可以使你的获奖发言增色生辉。

5.满足听众要求

获奖者能够成功地摘得奖杯，往往是离不开听众的支持的。获奖者是听众投票产生的，而你获奖致辞时面对的是自己的崇拜者、崇敬者。因此，获奖致辞应该与听众进行有益的交流，满足听众的要求。

如何与客户沟通

沟通在我们生活当中无处不在，从某种意义上讲，沟通已经不再是一种职业技能，而是一种生存方式。一名公司或企业的领导，日常工作中的重要工作就是与客户打交道。既然是与客户打交道，那么就免不了需要双方的沟通。企业与客户之间的桥梁是沟通，这就需要领导代表企业来与客户进行有效的沟通，而领导与客户之间最宝贵的是真诚、信任和尊重。

一、如何与客户进行有效沟通

领导要懂得倾听客户的话语，从客户的话语中可以得知对方是否真正理解了自己说话的意思；懂得如何说，使客户的尊严得到维护，并且拉近与客户之间的距离，这就需要掌握下面这些技巧：

1.发自内心的真实话

人的内心都是渴望展示自己的，可以说，人都是喜欢被尊重和认可的，而且都是喜欢展示自己的。任何谈话只有被尊重和认可才可以让你的谈话对象畅所欲言，即便是一个修养很好的人，你骂他，侮辱他，他会和你说心里话吗？要想你与客户的沟通能够达到双赢的效果，就需要让双方的言语沟通发自内心，特别是占据主动地位的领导者。

2.沟通实际上就是对客户需求的挖掘

沟通实际上是为客户的需求而来，并满足客户的需求。就

如同你生病去医院，看中医也要通过“望、闻、问、切”，才能了解你的病情。而与客户沟通也是一样，你需要为你的客户把脉，才能开药。询问适用于与客户沟通，领导如果不询问客户相关问题，就不能发现客户的真正需求。客户不想与你沟通下去，不是因为他不需要，而是因为你不明白他真正的需求，所以真正的沟通技巧是主动为客户制造需求，让对方接受。

与客户沟通就是找到客户需求，然后去满足他并获得双赢。客户的话中蕴藏着你要寻找的宝藏，倾听也好、说也好，前提是要双赢，才能让客户发自内心地开口说话，阐述他的观点和想法，这样宝藏找起来就有迹可寻了。

生意人大多说话是很含蓄的，都想给对方好的印象，不想破坏多年来来之不易的商情、友情，往往话中有话，转个弯来表达他的意思及所要的目的。客户的每句话都可能蕴藏商机，须认真揣摩。在和客户交谈中更需要听出客户没有表达的意思，没有说出来的需求，然后抓住商机，组合本身资源，力求双赢。

3.与客户沟通，不要急着把自己的底牌打出来

领导带着公司的销售政策，也就是谈判的底牌，如果急于成交，客户的意图没有摸清楚，就把自己的底牌打出来，那客户如果想合作的话，他就显得举棋不定了。这时候的沟通就好像被客户挤牙膏一样，陷入进退两难的境地。而在与客户沟通的时候，只要客户问需要什么支持的时候，你就问，除了这

个要求外，还有什么要求一起提出来，并做出洽谈备忘，双方确认。

4.重信诺

实际上当自己不知道说什么的时候，或者做不到的时候，那就一个字——听，认真听，只有听，才能够得到更多有用的信息，那些有用的信息会帮助你思考问题，就算解决不了反馈给公司，你的公司总部也会思考并提供解决方案给你。在另一角度，客户也不会因为你说不出来而小看你，甚至会欣赏你是个务实的人，值得合作，毕竟，人们都喜欢真诚的人。如果是自己不懂的问题，假装内行，开支票过头，客户一旦得知，你的产品也就会被认为是假的，客户还会认定你是一个不守信用的人。

5.沟通获得客户信任是需要时间的，心急吃不到热豆腐

第一次见面就想和你的目标客户成为好朋友、进行深交是不可能的。如果我们去一个新公司与新同事交往，刚开始也是需要了解和认可后才能开玩笑，同理，如果你见面就向对方主动示好，称兄道弟，只能起到反作用。刚认识的客户防御心很强，在客户脑袋里有很多困惑，企业好不好，这个人值不值得信赖，等等问题需要时间、事实去验证。

有朋友介绍的客户，好成交些，因为你的目标客户信任的是你朋友，所以在你身上有部分是对你朋友的认可，你们之间的沟通会更加融洽一些。另外，千万不要把客户只当作客户，

而应让他先变成朋友，然后再成为你的客户。

二、沟通过程中需要掌握的语言技巧

除了上面我们介绍的几种关于沟通的技巧，另外，在与客户沟通的时候，还需要一定的语言技巧。

1.选择积极的用词与方式

在保持一个积极的态度时，沟通用语也应当尽量选择体现正面意思的词。比如说，要感谢客户在电话中的等候，常用的说法是“很抱歉让你久等”。这个“抱歉久等”实际上在潜意识中强化了对方“久等”这个感觉。比较正面的表达可以是“非常感谢您的耐心等待”。

2.善用“我”代替“你”

有些专家建议，在下列的例子中尽量用“我”代替“你”，后者常会使人感到有根手指指向对方。

习惯用语：你的名字叫什么；专业表达：请问，我可以知道你的名字吗?

习惯用语：你必须……；专业表达：我们要为你那样做，这是我们需要的。

习惯用语：你错了，不是那样的；专业表达：对不起我没说清楚，但我想它运转的方式有些不同。

习惯用语：如果你需要我的帮助，你必须……；专业表达：我愿意帮助你，但首先我需要……。

3.在客户面前维护企业的形象

有客户一个电话转到你这里，抱怨他在前一个部门所受的待遇，你已经不止一次听到这类抱怨了。为了表示对客户的理解，你应当说什么呢？你可以适当地表达“我完全理解您的苦衷”。另外，客户的要求公司没法满足，你可以这样表达：“对不起，我们暂时还没有解决方案”。

如何与下属交流

与下属面谈是领导常用的沟通方法，因为很多问题都是可以在面谈中解决的。但是，并不是所有的面谈都能够解决一些问题，只有你能够掌握一些与下属面谈的技巧，才能使你与下属的面谈能够成功。如果与下属面谈工作做好了，将在很大程度上帮助你处理人际关系，完成工作任务，完成绩效目标；相反，如果没有能做好沟通工作，则可能会产生许多你意想不到的问题，造成管理混乱，效率低下，甚至出现员工离职问题。一旦你掌握了面谈的技巧并能熟练运用，你就会觉得与下属面谈是一件极其容易的事情。因此，领导者要保持沟通之心，让与下属面谈成为你的沟通利器，而这需要你掌握一些面谈技巧。

1.倾听技巧

倾听能鼓励下属倾吐他们的状况与问题，而这种方法能协

助他们找出解决问题的方法。一般来说，下属总是对企业、领导、同事有着各种各样的抱怨或者建议，那些话平时没有机会吐露。而你与他的一次面谈，无疑是给了他这么一个机会，所以你的倾听能够有效地促使面谈成功。而倾听也是需要讲究技巧的，它需要相当的耐心与全神贯注。倾听技巧由4个个体技巧所组成，分别是鼓励、询问、反应与复述。

（1）鼓励。促进对方表达的意愿。在进行面谈的时候，不要摆出一副领导的样子，而是要保持温和的态度，尽量鼓励下属说出自己内心的想法，表达自己真实的意愿。

（2）询问。以探索方式获得对方更多的信息资料。倾听并不是一个劲地在那里听，它还需要适当地配合说话者，那就是适当地询问，通过询问的方式可以获得更多有关对方的信息资料。

（3）反应。告诉对方你在听，同时确定完全了解对方的意思。如果下属一个人在那里说，他说完了，你一点反应都没有，就只会给他一种你在敷衍他的感觉。所以，你对下属的讲话要作出一定的反应，表现你在认真听，并且听明白了他所表达的意思。

（4）复述。用于讨论结束时，确定没有误解对方的意思。在面谈结束的时候，你可以复述对方所表达的意见，一方面表明你在整个谈话过程中是在认真倾听，另一方面也是确定你没有误解对方的意思。

2.气氛控制技巧

安全而和谐的气氛，能使下属更愿意沟通，如果沟通双方彼此猜忌、批评或恶意中伤，将使气氛紧张、冲突，加速彼此心理设防，使沟通中断或无效。气氛控制技巧由4个个体技巧所组成，分别是联合、参与、依赖与觉察。

（1）联合。以双方所共同拥有的兴趣、价值、需求和目标等，或者是双方所共有的事务来作为共同的话题，营造出一种愉快轻松的谈话氛围，这样对方更易于吐露自己内心的想法。

（2）参与。激发下属的投入态度，创造一种热忱，使对方积极投入到谈话中来，这有助于面谈工作的成功进行，并为随后进行的推动创造积极气氛。

（3）依赖。创造安全的情境，增加下属的安全感，接纳对方的感受、态度与价值等。

（4）觉察。将潜在的“爆炸性”或高度冲突状况予以化解，避免讨论演变为负面或破坏性的争吵。

3.推动技巧

推动技巧是用来影响下属的行为，使其逐渐接受你的看法。有效运用推动技巧的关键，在于以清晰具体的积极态度，让对方在毫无怀疑的情况下接受你的意见，并觉得受到激励，想完成工作。推动技巧由4个个体技巧所组成，分别是回馈、提议、推论与增强。

（1）回馈。让下属了解你对其行为的感受，这些回馈对

他们改变行为或维持适当行为是相当重要的，尤其是提供回馈时，要清晰具体地告诉对方，而不是以侵犯的态度提出。

（2）提议。将自己的意见具体明确地表达出来，让下属能了解自己的行动方向与目的。

（3）推论。使讨论具有进展性，整理谈话内容，并以它为基础，为讨论目的的延伸而锁定目标。

（4）增强。利用增强对方出现的正向行为，也就是符合沟通意图的行为来影响下属，也就是利用增强来激励他人做你想要他们做的事。

当你在与下属进行面谈时，适当注意到上面几个技巧性的问题，你就会发现与下属沟通其实是一件相当容易的事情，也是一件比较愉快的事情。

如何向领导汇报工作

在企业管理过程中，员工或下属向上级领导汇报工作，是一种常见的交往程序。特别是对那些经常要与老板打交道的员工或下属来说更是如此。一般来说，要是老板直接交办或委托他人交办的工作，无论大事小事，无论工作的结果是否圆满，都应该向领导如实作出相应的汇报。

员工向领导汇报工作，不管你是采取书面还是当面口头汇报的形式，需要掌握的具有共性的技巧有四个方面：

1.删繁就简

无论是作口头汇报，还是作书面汇报，你都必须注意删繁就简的问题，也就是要从汇报中删去那些不必要的话语。它既是一种有效的技巧，也是一种必须遵守的原则。

假如你要以书面的形式向领导汇报工作，那么，你就应该把文章写得简练一些，千万不要担心自己才写了一页纸，领导会不会觉得我没有能力；假如你是以口头语言形式向领导汇报工作，则必须注意掌握领导问什么答什么的原则和策略，千万不要擅自去作一些拓展与发挥。如果领导只问到事情的结果，你就只叙述结果，而不要涉及事情的过程。因为，领导可能对事情的过程并不感兴趣，如果你对事情的过程滥加描述，只会招致他的反感。

2.理清思路

你在汇报工作前，需要事先理清自己的思路，这样你才能够有条有理地、层次分明地、有说服力地把自己做过的工作向上级领导汇报清楚。上级面对汇报工作的你，并不希望看见一个思路混乱的下属，那样只会让他心里产生厌烦情绪。因此，在向上级领导汇报工作之前，特别是在向领导汇报那些重大问题之前，必须先打好腹稿。如何能够打好这个腹稿呢？你可以事先在脑海中把要汇报的问题以提纲的形式，列出一个分条目的小标题，记在心中，在汇报时逐条道来。另外，你也可以把

那些提纲写在小本子上，作为向老板汇报工作时的备忘录。而拟写提纲是理清思路的最佳方法，你不妨试一试。

3.恭请领导评点

当你向领导汇报完工作之后，不可以马上一走了之，还需要主动恭请领导对自己的工作总结予以评点。这也是对领导的一种尊重和对他比你站得高、看得远、见识多的能力的肯定。

一般而言，领导对于下属的工作总结，都会有一个评价，不同的是有一些评价他可能公开讲出来，而有一些评价他则可能保留在心里。而保留在心里的那些评价，有时往往是最重要的评价，所以，你千万不能大意，不能说领导对你汇报工作没有进行批评，你就开始沾沾自喜。相反，你应该以真诚的态度去征求领导的意见，让他把心里话讲出来。对于领导的诚恳的评点，即便是逆耳之言，你也应该以认真的精神、负责的态度去细心反思。因为领导之所以能够站到统帅的位置上，他肯定在很多方面或某些方面，有着强于你的优点。而只有你能够虚心地接受领导的点评，才能够被领导委以重任。

4.突出重点

在汇报工作的时候要把握重点，这就意味着抓住工作的要害。实际上，这些要害问题又往往关系着企业和领导事业的大局或重大利益，同时也是领导最为重视的一部分。所以，领导听你的汇报，或看你的汇报材料，他关心的根本问题，就是你对工作中的重点问题的处理结果如何。

在具体操作时，你应掌握“事不过三”的原则。在生活中，我们常常可以看到很多领导人，他们在总结工作或作指示时，一般情况下总是“讲三个方面的内容”或提“三点建议”。那些往往把问题或意见或指示归纳为三个数的领导人，大多都比较干练，而且办事效率相当高。因此，在一般情况下，员工或下属向上司或领导汇报工作时，每次交谈的重点事项、关键问题，只谈一个或一件，最多不要超过三个或三件。这样不仅有利于上司厘清思路，迅速决断，同时，还会使领导或上司对你的能力和效率表示好感。

那些经常与领导打交道的员工和下属，如果能掌握上述汇报工作的技巧，必定能不断提高工作水平和文化品位，同时也会受到领导的信任与赏识。领导最喜欢的是能帮他解决问题的助手，也最需要了解工作的全面实际情况。

第 12 章

精练口才，掌握语言表达的细节

细节往往可以决定讲话的成败。管理者讲话也是一样，平时在进行语言表达时应该注意细节的修炼，精练口才，掌握语言表达的方方面面，恰到好处地表达自己的思想，这样可以有效树立领导威信。

从细节着手，增强语言表达能力

一般来说，领导者的很多工作都需要通过讲话来完成，这就不得不需要掌握一些语言技巧，才能够更好地完成工作使命。而如何更有效地掌握语言表达技巧呢？那就需要从语言细节修炼上下功夫，因为关注语言的细节是修炼语言技巧的前提。语言的细节是极具魅力的，只有从细节着手才能够有效地培养语言表达能力。下面我们就针对语言修炼中的几个必须关注的细节作简单的介绍。

1.言之有物

在日常生活中，很多领导在讲话时言之无物，空洞乏味，下面的听众听了也是如坠雾里，晕头转向，不知所云，其实，这样的讲话还不如不讲。古人语："君子以言有物，而行有恒。"言之有物，话语中肯，两者相辅相成，是好口才需要讲究的一大细节。因此，领导讲话必须要做到言之有物，才能够打动人心。

2.话要说到点子上

很多领导讲话总是喋喋不休、滔滔不绝地高谈阔论，给人的感觉却是词不达意、语无伦次，听众一听就会产生一种厌烦的情绪；有的领导还喜欢动不动就夸大其词，自认为展示自己的口才能力，实际上满嘴废话，不留余地。其实，这样的讲话都是不可取的，它不仅不会达到讲话的效果，还会使听众生厌。因此，领导讲话要简短有力，话要说到点子上，不要只是泛泛而谈，毫无中心，而是必须要体现出领导者的权威性。只有做好这一细节问题，才能练就卓越的口才。

3.平凡、朴素、简洁

讲话者为了更好地表达出自己真实的思想和感情，应注重讲话的朴素和简洁，这是领导讲话必须注意的另一个细节问题。

4.注意场合与分寸

领导者在讲话的时候，还需要注意场合与分寸。这就需要领导在面对不同的讲话对象时，采用不同的讲话方式，这才能够达到讲话的预期效果。不同的谈话对象，就需要从不同年龄、不同文化层次、不同性格等来区别。

当你在面对那些不同的人时，就应该灵活地选择不同的讲话方式。如在年龄上的差异：当面对年轻人时，语言要轻快自然，富于热情，切忌一副教训人的口吻；当面对年长者时，则需要带着敬称和谦辞，表示出一份尊重的意味。如在文化层次上的差异：面对那些文化修养层次比较高的人，你就应该避开那些肤浅、通俗的话题，而是多用一些抽象的推理；面对文化层次较低的人，你则要避开那些高深的理论，而是多用一些典型的事例，清晰、具体地表达出所想要表达的内容。

当然，领导者讲话是一种精神活动，表达效果的好坏，与领导者的心理素质有很大关系。如果领导者具有过硬心理素质，就能够顺利表达自己的意思，并且能获得预期效果；如果领导者的心理素质不佳，甚至都没有办法站在讲台上，或者是在进行语言表达时词不达意，半途而废，那么讲话就毫无意义。

话语真诚，才能打动人心

领导者还需要掌握说话的细节奥妙，其实说话的奥秘并不在于你有多么卓越的语言表达能力，也不在于你说得多么流畅和滔滔不绝，而在于是否善于表达真诚。而对于人与人之间的交流来说，真诚无疑是彼此交流中架起的一座桥梁，只有你说话足够真诚，才能够打动人心。除此之外，对于领导者来说，要想获得良好的人际关系，抓住对方的心理是相当重要的。

1.抓住对方的心理

抓住对方心理是和别人交往、说服别人的重要途径。人与人之间的交往最重要的一点就在于看透对方的内心，并在此基础上巧妙地表现自己。每个人的心理都十分微妙，有时候，即

使是同样的一句话也会因对方的情绪变化而得到不同的理解。而这时候，就需要读懂对方的内心，这样才能够顺势控制其情绪的变化。

领导在实际工作中往往会遇到一些沉默、不善言辞的下属，那些沉默的员工就像是一扇关闭的门。如果领导者在谈话中稍有不慎，那么对方就永远不会向你敞开心扉。怎样才能使沉默寡言的下属主动向你敞开心扉呢？首先应该抓住沉默员工的心理，进入对方的内心世界引发其产生心理动摇，才能适时地使对方愿意敞开心扉，那么，如何抓住对方的心理呢？

（1）同情其处境。领导者可以使员工感觉到自己十分同情他的处境。有时候，员工因为遭遇挫折而不言语，领导者不妨在这个时候表示对他的同情，你可以用安慰的语气对员工说："如果我处在同样的环境，遭遇同样的事情，肯定也会失败。"你这样设身处地为他着想，员工就不会再担心你会严厉地批评他，他也会主动敞开心扉，愿意和你展开亲切的交谈。

（2）主动为上级分担工作。领导者还应该适时抓住上级领导的心理。领导者不能看到上级还在忙碌，而自己却无动于衷，这种事不关己高高挂起的心理和行为是不能够让上级对你信任有加的。在工作中不能老是等上级的指示，你可以在妥善处理了自己分内的工作以后，主动地为上级分担工作。

（3）随时保持积极的心态。感化别人的关键在于情感、需求、本能等一些行为动机，领导者不能保持着"自扫门前雪，不管他人瓦上霜”的心态，那样是没有任何效果的。领导者即使遇到了与自己没有任何关系的事，只要具备一定的契机和理由，也应该像对待自己的事一样做出积极的姿态，这样才能感化别人。

2.注入真诚

当领导者用十分得体的话来向员工表达真诚时，他自然能赢得员工的信任，进而建立起信赖关系。一般来说，最能和员工交往的领导者肯定不会是一个口若悬河的领导者，而是善于表达真诚的领导者。员工因为真诚而信赖领导者，自然会愿意和领导者交往，并愿意把这种和谐的关系保持下去。

（1）讲话要真诚。领导者说话成功的关键就在于在谈话中注入真诚，并将自己的心意有效地传达给对方。对于领导者来说，如果你的讲话缺少了真诚，即便滔滔不绝、一泻千里，你的讲话也会像在作空洞的演讲一样，让对方对你无法产生认同感。只有当员工感受到领导者的真诚时，他才会打开心扉，接受领导者的说话内容，实现和领导者的沟通，进而和领导者形成良好的关系。

（2）自曝弱点。领导者在与员工沟通的过程中，还可以通过自曝弱点来表示自己的真诚。有些领导者在面对员工时，往往会说自己在人际交往中很笨拙，也不会说那些好听的话，因此在讲话的过程中有什么得罪的地方或者言语有什么不妥的地方，还希望员工能够提出批评意见。其实，这就是真诚的表现。

领导者可以通过表现自己的真诚，让员工迅速认同自己，进而愿意和自己保持一种良好的关系。这种方法被很多领导者所采用，有些领导者虽然已经是交往高手，但是为了表示理解，并给予一定程度的认同，仍会恰当袒露自己的真诚，这些都是能够使自己获得别人的肯定与认同的。真诚的领导者容易赢得员工的尊重，而那些不真诚的领导者往往会让员工感到厌烦。

灵活运用各种个别谈话方式

与下属个别谈话是领导进行思想工作的一个重要手段，也是领导工作中一个很重要的细节。员工之间或领导之间存在的许多具体问题，都适合通过个别谈话来进行解决。如果领导者能够运用好个别谈话，那么不仅可以了解情况、沟通思想、交换意见、提高认识、解决问题，还可以畅通言路、凝聚人心、增进友谊。

1.动之以情

俗话说："欲晓之以理，必先动之以情。"对于领导者来说，你在与下属进行个别谈话时，也要特别注意这个问题。并不是用你领导的气势压住对方，而是需要用尊重、关心谈话对象的真切态度去吸引人、感染人、打动人。领导者在进行个别谈话时要有"爱人之心"，要怀着一份真挚的感情来面对自己的下属或员工。感情本身就是一种教育力量，它可以通过情感交流来达到教育人、启发人的目的。这就需要领导者平时要主动接近个别谈话的对象，与他们建立深厚的友情，争取做他们的知心朋友。

（1）适时地关心。领导者应该多关心下属或员工的学习、工作、思想、生活等各个方面，同时还需要详细了解对方的家庭情况、社会交往，以及影响工作、学习、情绪等各方面的因素，清楚地了解他们有什么特点，甚至犯了什么错误，错误产生的原因。俗话说“知己知彼，百战不殆”，当你完全掌握了所有的情况，再与对方进行个别谈话，就能够使对方愿意敞开心扉，而你顺势引导就可以快速地解开对方心理存在的问题，从而收到良好的谈话效果。

（2）一定的信任度。领导者对下属或员工要有一定的信任度，这就需要领导者要尊重对方的感情，给予对方充分信任。只有这样才能有效地消除双方之间的交流障碍，减少对方的恐惧感、紧张和戒备心理。

（3）细心倾听。领导者在进行个别谈话时，还要十分耐心、细心地听取他人意见，对他们讲得好的地方要点头赞赏，给予他们鼓励。领导者还可以通过适时地插话、适当地提问去启发对方讲话，让对方在轻松愉快的气氛中把话讲完，最终能够理解你所想表达的思想。因为只有谈话双方互相间建立了感情和信任，才能够使对方更容易接受自己的观点和看法，而你

也能清楚地了解对方的思想和要求，并且能够提高他们自己的觉悟和决心，进而调动他们的积极性和创造力，推动他们主动地做好工作。

2.恰当的时间

领导同下属或员工进行个别谈话，要选择合适的时间。如果谈话进行早了，这时候条件还不成熟，谈话就达不到预期的目的；如果谈话进行晚了，这时早已经时过境迁，即便谈话也会于事无补，不利于问题的解决，甚至会给工作造成损失。

因此，领导找下属或员工进行个别谈话一定要把握好“时机”，在合适的时间进行。因为选择恰当的谈话时机，是开展好个别谈话的重要基础。谈话的时机应该根据谈话目的、问题性质、迫切程度以及谈话对象的思想水平、觉悟高低、心理素质、当时心境及环境气氛等因素确定。

3.对症下药

领导者在进行个人谈话的时候，要特别注意“因人而异、对症下药”。也就是说，领导的谈话要有较强的针对性。如何“对症”？

（1）考虑对象。你所面对的谈话对象不同，基础、需要、爱好不同，谈话的内容、方式、语言等也就有所不同。这时候，你就要尽可能从对方熟悉的、感兴趣的话题入手，才会易于被他所接受。

（2）及时消除对方的各种心理障碍。一般来说，个别谈话对象的心理活动大都分为揣测心理、防御心理、恐惧心理、对立心理、懊恼心理和喜悦心理等。领导者在进行个别谈话的过程中，就需要根据对象的主要心理状态，及时消除其影响谈话的心理障碍，使谈话能够顺利地进行。

（3）从实际出发，因人而异。领导者在进行个别谈话的时候，需要从实际出发，区别不同对象，提出不同层次的要求。要有分析、有区别，因人而异地讲道理、做工作，尽量调动各类人员的积极性。

4.以理服人

领导与下属的个别谈话，其实就是做思想工作。而做思想工作就是讲道理，以理服人，这就需要“讲真理、讲实话”。领导说话要服从于事实，不能只讲虚理，要从实际中、事实中引出道理。如果与下属个别谈话时不注意根据事实讲道理，不仅不能服人，还可能讲出一些主观片面之理，甚至是歪理，使人反感。

领导讲话要尊重客观实际，实事求是地评价对方。对人对事需要一分为二，不能以偏概全，不能说人家好，就什么都好；说人家坏，就一无是处。另外还要特别注意表扬和批评的恰当，不要一表扬，就都是成绩，还应该适时提出问题；而在批评的时候，就新老账一齐算，甚至抓住一个缺点，就对其进行全面否定。因此，领导讲话要“讲理”，需要讲辩证法，具体问题具体分析，做到“两点论”，做到入情、入理、入心，

使其真正地对你心服口服。

5.灵活运用各种谈话方式

领导的个别谈话方式，还应该灵活多样。谈话目的、对象不同，谈话的方式也应有所不同。在具体的实践中，我们可以采取以下几种谈话方式：

（1）询问型交谈。询问型的交谈方式关键是要掌握“问”的技巧，在提问的过程中注意消除对方的疑虑。但是面对不同类型的人，也要采用不同的询问法，如对有的人可以直接问，而对另外一些人则要委婉地问。

（2）批评型交谈。批评型的交谈方式也是因人而异。对有的人可以进行单刀直入的批评，而对有的人则需要启发其进行自我批评。这时候，领导者就需要灵活运用，你在批评时应先肯定其成绩，然后对被批评的人的缺点和错误尽力引导，使之能主动地认识到自己的问题。

（3）商量型交谈。领导者在进行个别谈话的时候，还可以用商量的口吻进行交谈。这时候领导要心平气和、平等待人，以关心、信任的态度对待个别谈话对象，不能“好为人师”，也不能“连珠式”地发问，或中间打断对方的话头。你应该多给对方一点时间，允许他解释，谈不同看法。对于他所讲的观点，对的要肯定，错的予以指出，在友好的气氛中，协商解决问题。

会见讲究艺术，给对方留下好印象

领导者免不了经常有会见活动。会见是一项重要的活动，它在一定程度上体现了领导者的综合素质，还关系着你所领导的团队的影响力。而领导者在会见中，既要讲究实际，又要讲究艺术，以取得最佳的效果。

1.问候时最好点名道姓

领导者在会见的时候，问候来宾最好是点名道姓。当你迈进会客室的门，你的第一句话可能是："你好，见到你很高兴。"这种问候未免给人一种陌生感，所以在见面之前，一定要清楚来客的称呼或名字。如果已经是老熟人了，自然就会多点亲切感；如果是初次见面，你也应该记住对方的姓名。你可以点名道姓地说："李总，您好，见到您很高兴。"这样一下子就拉近了你们的距离感，营造了轻松和谐的氛围。

2.学会清楚地表达

善于表达使人终身受益，领导者在与客人交谈的时候，要学会清楚地表达。如果你讲话不加以概括，全是泛泛而谈，就会引起对方的反感。因为你叙事没有重点，就会显得思维混乱，对方会质疑你的领导力和思维水平。因此，领导者要注意自己说话的逻辑，这样才能够显示出敏捷的思维和卓越的领导力。

3.要诚实、坦率、有节制

在交谈过程中，领导者要诚实、坦率、说话有节制。在任

何一件小事上不要作假，否则很有可能使你的整个努力付诸东流。每个人都不是十全十美的，因此领导者可以坦率地谈起或承认自己的缺点或过失。当你在评论第三者时不应失去气度，无节制地使用尖刻语言只会让人疑心，对方会在心里想："总有一天，他会在背后这样说我的！"于是，对你产生了戒心，这就不利于谈话的进行。

4.若对方没有坐下，你最好站着

当你们已经寒暄完了，你就应该表示出东道主的礼仪，热情地邀请对方落座，如果对方没有坐下，你也最好陪着客人站着。坐下后不要忙着掏烟，如果对方请你抽烟，你应说："谢谢。"请记住，就算是在你的会客室里，也切莫把烟灰和火柴头弄到地板上，要把它们放到烟灰缸中。这些很小的细节问题，可以很好地展现你的综合素质。

5.保持相应的热情

领导者在与客人的交谈过程中，应该保持相应的热情。这样既能显示出你的真诚，还能够为谈话营造一个愉快的氛围。如果领导者没有倾注足够的热情，就会让人感觉受到冷落，那么对方会马上失去谈话的兴趣。

6.当愤怒难以抑制时，应提早结束会见

有时候，在交谈过程中，会由于各种原因激起你的愤怒。而这时候的愤怒情绪会使你失去理解别人和控制自己的客观尺度。它不仅无助于问题的解决，反而会把事情搞得更糟。因此，领导者如果实在不能控制住自己的情绪，就应该及早地结束会见，不要让自己的情绪左右了自己的行为，最后把关系弄僵。

如何接受记者采访、提问

接受记者采访、提问是每一个领导的必修课，如果你回答不好，那么对于领导个人和企业的良好形象都是极为不利的。

1.做好准备工作

俗话说："凡事预则立，不预则废。"领导在接受记者提问的时候也是如此，因为作为新闻效应的制造者，记者有可能问任何问题。特别是有些犀利的记者，经常问一些敏感、刁钻古怪的问题，如果没有作好充分的准备，那就会直接导致你当场张口结舌，场面十分难看，进而会影响到你的自身形象。即便是自己已经约好的记者，也要作充分的准备。有的记者为了做更加详细的报道，就会对一些问题问得十分透彻，还有可能问一些题外的东西。领导应该有一定的准备，才能够对记者的提问应付自如、游刃有余。

2.把握好谈话局面

领导在接受记者的提问和发表讲话的时候，要特别注意内容的展开与局面的把握，并适时发挥自己的主观能动性：

（1）尽可能掌握一些与提问主题有关的材料，你可以准备

一个新闻资料袋，包括一些希望发布的新闻稿、新闻照片和前景材料，记者在进行采访的过程中，你可以直接把那个新闻资料袋给他。

（2）领导要发挥自己的主导作用，不要被记者的问题牵着鼻子走。当面对记者直截了当地提出各种各样棘手的复杂问题时，你可以先让记者提问下去，不去打断或中止他，以彰显领导的胸怀和礼貌，自己也可以周全地思考一下该如何回答。

（3）控制好时间。在记者采访的提问阶段，一般安排的记者都有人数的限制。如果提问太少，显得敷衍；提问太多，又会显得冗长。接受记者提问的领导要充分掌握时间，尽可能在规定的时间内主动回答各种提问和议论，把握住采访和谈话的方向。

3.取得媒体的信任和赢得公众的心

领导在面对记者的提问时，要以开放、平等的姿态对待，不能过分拘谨，或者是高高在上。在回答问题时，在紧扣主题的前提下，可以适当穿插一些趣味性的内容。一般来说，领导发表讲话的内容往往是严肃的、数字性较强的，如果一直板着脸回答问题，会使新闻记者感到冷若冰霜，也会让公众有种距离感。

4.如何回答比较棘手的问题

在采访的过程当中，记者经常会提出一些可能会给你带来麻烦的问题，那么你应该如何处理这些问题呢？

（1）当对方提出一些别有用心的问题的时候

问题："他的指控对你的机构造成了多大的伤害？"

答案："非常抱歉，我并不同意你的说法。事实上……"

注：不要接受对方问题的前提条件，你可以忽视它。或者你也可以礼貌而坚定地反驳对方问题的前提条件，并接着说出你想要传达的信息。

（2）当对方提出一些诱导性问题的时候

问题："你是否觉得这家公司过于贪婪了？"

答案："我不这么认为。他们是一家非常有竞争力的企业……"

注：不要重复对方的诱导性词语，你甚至可以予以否认。在不重复诱导性词语的情况下进行反驳。

（3）当对方要求你发表个人观点的时候

问题："你个人怎么看这件事？"

答案："我觉得问题不在于我的个人观点。问题是……"

（4）当对方要求你代表其他人发言的时候

问题："你觉得市政府会作出怎样的决定？"

答案："这个你恐怕要去问市政府了。"

注：不要回避问题。不要代表你的组织发言。

（5）当对方提出一个你知道答案，但不能说的问题的时候

问题："你们的报价金额是多少？"

答案："这个我不能说，因为这属于机密信息。"或

者：“这件事情目前尚无定论。”“我不适合就此事发表评论。”“这个问题非常敏感。”“这个问题目前还在讨论。”

（6）当对方给你两种选择的时候

问题：“你们是要增加资助金额呢，还是要维持现状？”

答案：“都不是。我们的目标是提供高质量的服务。”

注：当对方给你两种选择的时候，你应该忽视对方提出的两种选择方案，或者直截了当地说出你的观点。

领导在面对那些记者尖锐的提问时，应该避开要害的问题，因势利导，或是采用迂回战术，或是针锋相对，或是避实就虚，这样既回答了记者的提问，又不会失去领导的良好形象。

参考文献

[1]陈墨.管理者口才与演讲艺术[M].延吉：延边大学出版社，2011.

[2]兰晓华.领导者必须掌握的口才技巧[M].北京：中国致公出版社，2012.

[3]张新平.管理者一本书读懂口才学与博弈论[M].北京：海潮出版社，2013.

[4]臧其超.管理者讲话与辞职大全[M].北京：人民邮电出版社，2013.

[5]鲍玉成.打造你的话语权[M].天津：天津人民出版社，2018.